高等学校交通运输与工程类专业教材建设委员会规划教材

Introduction to Road Traffic Relevant Majors
道路交通类专业引论

王晓宁　主　编
李　刚　副主编

人民交通出版社股份有限公司
北　京

内 容 提 要

近年来,我国道路交通事业蓬勃发展,交通基础设施建设日益受到重视,许多有志青年投身于祖国的道路交通事业。本书在广泛收集和归纳总结现有研究成果和相关资料的基础上,介绍了道路交通的基本理论和知识。

本书在内容选取上主要考虑了初学者的学习兴趣和需要,简明易懂,辅以大量工程实例。全书分为八章,内容包括:绪论、道路交通基础知识、我国道路交通发展状况、道路交通项目基本建设程序、当前道路交通热点问题、道路交通类专业新兴方向、主要课程及学习工具、典型工程实例。

本书既可作为道路交通相关专业的本科生教材,也可供相关行业的从业者参考使用,还可为高中学生选择专业提供参考。

图书在版编目(CIP)数据

道路交通类专业引论 / 王晓宁主编. — 北京 : 人民交通出版社股份有限公司, 2020.12 (2025.7 重印)
ISBN 978-7-114-16956-4

Ⅰ. ①道… Ⅱ. ①王… Ⅲ. ①公路运输—交通运输管理 Ⅳ. ①U491

中国版本图书馆 CIP 数据核字(2020)第 229497 号

Daolu Jiaotong Lei Zhuanye Yinlun
书　　名:道路交通类专业引论
著　作　者:王晓宁
责任编辑:李　晴
责任校对:席少楠
责任印制:张　凯
出版发行:人民交通出版社股份有限公司
地　　址:(100011)北京市朝阳区安定门外外馆斜街 3 号
网　　址:http://www.ccpcl.com.cn
销售电话:(010)85285911
总 经 销:人民交通出版社股份有限公司发行部
经　　销:各地新华书店
印　　刷:北京科印技术咨询服务有限公司数码印刷分部
开　　本:787×1092　1/16
印　　张:9.25
字　　数:225 千
版　　次:2020 年 12 月　第 1 版
印　　次:2025 年 7 月　第 2 次印刷
书　　号:ISBN 978-7-114-16956-4
定　　价:40.00 元
(有印刷、装订质量问题的图书由本公司负责调换)

前言

交通运输是兴国之器、强国之基。当前,我国高速铁路、高速公路、特大桥梁等建造技术已达世界先进水平,北京大兴国际机场、港珠澳大桥等一批超级工程震撼世界。走近交通,了解交通,投身于祖国的道路交通建设,参与到交通强国的进程之中,在今天有着特殊而重大的意义。

对于道路交通的基本理论和知识,国内外众多专家、学者、管理者和工程技术人员开展了大量的研究和实践。本书在广泛学习和参考借鉴前人研究成果和相关资料的基础上,对初入或即将进入道路交通相关专业的学生、相关行业从业者和广大兴趣者普遍感兴趣的内容进行了收集、归纳和总结,以使读者能够切身感受到我国交通发展的辉煌成就,学习道路交通基本知识,了解道路交通项目基本建设程序,关注交通拥堵等热点问题,跟踪智慧交通等新兴方向,熟悉我国近年典型的工程实例。

本书由哈尔滨工业大学王晓宁任主编,哈尔滨工业大学建筑设计研究院李刚任副主编,哈尔滨工业大学刘民壮、史泽宇、崔梓钰、王广玺、杨宇轩、司梦瑶、于思源、王丽芬、张玉、马逸飞等学生参与了资料收集和文字录入、整理等工作。

本书在编写过程中参考了大量的相关著作和资料,并根据教学需要进行了引用,在此特别向涉及的专家、学者和工程技术人员表示诚挚的感谢!你们的贡献为我国道路交通事业发展奠定了坚实的基础,也使本书能够撷采众长,为兴趣者和初学者推介相关理论知识,吸引更多有志青年投身到交通强国建设当中。由于编者学识和水平有限,书中不妥之处,敬请批评指正。

编　者
2020 年 4 月

目录

第一章

绪论

第一节　五种运输方式

　　交通运输是研究铁路、公路、水路、航空和管道运输基础设施的布局及修建、载运工具运用工程、交通信息工程及控制、交通运输经营和管理的工程领域。现代化的运输方式主要有铁路运输、公路运输、水路运输、航空运输和管道运输。五种运输方式各有所长,都有适宜的使用范围。

一、"门到门"的公路运输

　　公路运输(图1-1)是在公路上运送旅客和货物的运输方式,是交通运输系统的组成部分之一。现代公路运输工具主要是汽车,因此,公路运输一般即指汽车运输。在地势崎岖、人烟稀少、铁路和水运不发达的边远和经济落后地区,公路为主要运输方式,起着运输干线作用。

　　公路运输的优势主要是可以实现门到门运输,灵活性强、适应能力强、运输目的精确、运输速度快、资金周转快、技术易掌握。公路运输的劣势主要有运量较小、运输成本高、持续性差、安全性低。

图 1-1 公路运输

二、运量大的铁路运输

铁路运输（图 1-2）是在铁路上利用车辆编成列车载运人员和货物、由火车头牵引的运输方式。距离较长、批量较大的货物运输主要由铁路运输承担，其中包括整车运输、零担运输和集装箱运输。铁路运输主要选用敞车、平板车、凹形车、钳夹车、游车等运输工具。

图 1-2 铁路运输

铁路运输的优势主要有持续性强、运输速度快、运量大、性价比高、安全性高、污染小、能耗低。铁路运输的劣势主要有投资大、建设周期长、机动灵活性差、在城市中参与度低。

三、建设投资省的水路运输

水路运输（图 1-3）主要是以船舶、货轮等运输工具在海洋、河流中载运人员和货物，运输货物的数量与其他同体积的运输工具相比是最大的，大型的船舶可以运输数万吨以上的货物。

水路运输的优势主要有建设投资省、占用耕地少、装载质量大、劳动生产率高、运输成本低、能源消耗少、技术经济性好。水路运输的劣势主要有运输速度慢、机动性较差、受自然条件影响较大。

图 1-3 水路运输

四、速度快的航空运输

航空运输(图 1-4)是使用飞机等其他航空器运送人员、货物、邮件的一种运输方式,具有快速、机动的特点,是现代旅客运输尤其是远程旅客运输的重要方式,为国际贸易中运输贵重物品、鲜活货物和精密仪器所不可或缺。

图 1-4 航空运输

航空运输的优势主要有速度快、机动性大、安全性不断提高、能满足货物运输的特殊要求。航空运输的主要劣势是飞机机舱容积和载质量都比较小,运载成本和运价比地面运输高,能否正常飞行及其准点性受气象条件限制。此外,航空运输速度快的优点在短途运输中难以充分发挥。因此,航空运输比较适于 500km 以上的长途客运,以及时间性强的鲜活易腐和价值高的货物的中长途运输。

五、专用的管道运输

管道运输(图1-5)是用管道作为运输工具的一种长距离输送液体和气体物质的运输方式,是一种专门由生产地向市场输送石油、煤和化学产品等的运输方式,是统一运输网中干线运输的特殊组成部分。有时候,气动管也可以完成类似工作,以压缩气体输送固体舱,内装货物。管道运输石油产品比水路运输费用高,但比铁路运输便宜。大部分管道都是被其所有者用来运输自有产品的。

图1-5 管道运输

管道运输的优势主要有运输量大、占地少、能耗小、无污染、成本低、不受气候影响、送达货物的可靠性高、封闭运输、损耗少。管道运输也有其缺点,主要表现在专用性强,大部分用于运输石油、天然气及固体料浆如煤炭等。

第二节 道路交通的由来和发展

道路的先祖是动物拖拽物品留下的痕迹。最早的人工道路应该是人类为了更安全、快速地穿越沼泽、湿地、山丘等复杂地形而将沿途的岩石、树木等障碍物清理后形成的。随着贸易的出现和发展,人和牲畜的通行量逐渐增大,这些原始道路也得到了平整和加宽,其中一部分形成了相当规模的网络,能够实现大范围内的通信、交易和交通。公元前4000年左右,古印度河文明的一些城市中出现了最早的人工铺砌的街道。

我国西周时代修筑的连通各地的交通干道称为"周行"或"周道"。《诗经·小雅·大东》中说"周道如砥,其直如矢",体现了这种交通干道规划设计的合理和修筑施工的严谨。到春秋时期,太行山、秦岭等险山峻岭都已经开始有车路通行。秦在春秋战国时期各地道路的基础上整修、新建的驰道更是联通了全国。"道广五十步,三丈而树,厚筑其外,隐以金椎,树以青松",驰道在方便全国各地商旅往来的同时,还将中国从一个地理概念转变为了一个前所未有的政治实体。

波斯帝国建设了庞大的道路系统——波斯御道。通过这些高等级的公路，信差用一周就可以行走两千多公里。古希腊历史学家希罗多德写道："这个世界上再没有什么东西比这些波斯信差还要走得快了。"而西方古代道路的代表和集大成者，当属罗马帝国的道路网——罗马大道。罗马人使用的碎石路基能够吸水，确保路面干燥，军团在罗马大道上的行军速度大幅度提高。一些交通繁重的大道还铺上了六面定石，以减小车轮受到的阻力，还减少了灰尘。这种铺装路面的道路使得罗马军团可以高速机动，罗马各省间的联系也更通畅和快捷。部分罗马大道甚至在一千年之后仍发挥着作用，英格兰的一些城镇今天还在使用着罗马大道的铺装技术。

近代，工业化也为道路工程注入了新鲜的血液。随着力学和机械制造的发展，建设道路的难度和成本大大降低，现代道路工程开始在欧洲兴起。1747 年，第一所桥路学校在巴黎建立。拿破仑时代，法国工程师 P·M·J·特雷萨盖发明了碎石铺装路面的方法，主持建设了著名的法国道路网，并首次提出了道路养护。18 世纪末至 19 世纪初，英国也出现了特尔福特和马卡丹等热心研究道路的专家。特尔福特和马卡丹都对罗马时代以来使用了上千年的路基建设方法进行了改良，实践证明马卡丹式公路很适合当时的马车行驶。此后，欧洲各国相继修建了这种公路。这一时期的工程师们提出的新的路面结构理论和实践，奠定了现代道路工程学的基础。

1885 年，德国 G·W·戴姆勒和 C·F·本茨发明了汽车；1908 年，福特 T 型车的推出拉开了以汽车交通为主的现代道路工程新时代的帷幕。随着汽车工业的飞跃式发展，马卡丹式公路路基不再能适应汽车行驶的要求，人们又开始大量修建沥青和混凝土铺装的公路。20 世纪 30 年代，德国建设了第一条高速公路。现在，高速公路已经成为现代化公路的标志之一。

第三节　道路交通类专业

根据教育部相关规定，大学本科专业分为 12 个大学科门类，包括哲学、经济学、法学、教育学、文学、历史学、理学、工学、农学、医学、管理学、艺术学。道路交通类专业涉及"08 工学"这个门类中的"0818 交通运输类"（表 1-1）和"0810 土木类"（表 1-2）。

交 通 运 输 类　　　　　　　　　　　表 1-1

学　科	专业门类	基本/特设	专业名称
工学	交通运输类	基本专业	交通运输
			交通工程
			航海技术
			轮机工程
			飞行技术

学　科	专业门类	基本/特设	专业名称
工学	交通运输类	特设专业	交通设备与控制工程
			救助与打捞工程
			船舶电子电气工程

土　木　类　　　　　　　　　　　　　　　　表 1-2

学　科	专业门类	基本/特设	专业名称
工学	土木工程类	基本专业	土木工程
			建筑环境与能源应用工程
			给排水科学与工程
			建筑电气与智能化
		特设专业	城市地下空间工程
			道路桥梁与渡河工程

　　基本专业是学科基础比较成熟、社会需求相对稳定、布点数量相对较多、继承性较好的专业；特设专业是针对不同高校办学特色，或适应近年来人才培养特殊需求设置的专业，特设专业往往是一些新兴的、具有广阔发展潜力的专业。

　　以哈尔滨工业大学为例，道路交通类专业有道路桥梁与渡河工程（道路工程、桥梁工程、道路材料工程方向）、交通工程、交通设备与控制工程专业。

一、道路桥梁与渡河工程

（一）道路工程方向

　　道路是国家交通基础设施的重要组成部分，是物流和人流的载体，担负着交通运输的主要功能。

　　按照道路基本建设程序，首先要进行规划，在规划范围展开地形勘测，依据勘测得到的数据设计路线，按照设计开始施工，之后投入使用，并定期进行养护和维修。因此，道路工程就是针对道路的规划、勘测、设计、施工、养护等需要设立的专业方向，道路工程方向培养的人才在道路建设和运营管理的各个环节开展工作。

　　哈尔滨工业大学道路工程方向开设的专业课程主要有道路勘测设计、路基路面工程、道路施工技术、公路养护与管理等。

　　道路工程方向学生的就业领域主要有交通运输部、交通运输厅、高速公路建设局、公路局等管理部门，公路与城市道路勘测设计等单位，路桥施工企业等。

（二）桥梁工程方向

　　桥梁工程方向主要负责桥梁的勘测、设计、施工、养护和检测等工作。

　　哈尔滨工业大学桥梁工程方向开设的专业课程主要有结构设计原理、桥梁工程、桥梁计算力学与有限元、大跨桥梁设计与施工等。

桥梁工程方向学生的就业领域与道路工程专业相似，只是工作对象不是道路而是桥梁。

(三)道路材料工程方向

道路材料工程方向主要研究修建道路、桥梁所需要的材料，如沥青、混凝土等，以及各种新型材料，如路面防水材料。

哈尔滨工业大学道路材料工程方向开设的专业课程主要有材料科学基础、混凝土材料科学、无机材料性能、土木工程材料等。

道路材料工程方向学生就业面很广，可以去国家和各省区市的建筑院、交通科研院、设计院,质量监督站,中国建筑工程总公司、中国交通建设股份有限公司、中国中铁股份有限公司各个局等。

二、交通工程

交通工程是研究人、车、路、环境之间相关关系及其规律的学科。研究往往从5个方面展开：工程(Engineering)、法规(Enforcement)、教育(Education)、能源(Energy)、环境(Environment),因此,交通工程学科通常被称为"五E"学科。

哈尔滨工业大学交通工程专业开设的专业课程主要有交通工程基础、交通规划、交通系统工程、道路交通环境保护、道路交通安全、智能交通系统概论等。

近年来,城市交通拥堵、停车难等问题频发,人们越来越意识到提升交通品质不光要依靠基础设施建设,更要依靠好的交通规划和管理。因此,交通工程专业的就业前景越来越好,毕业生可在国家与各省区市的发展计划、交通规划与设计、交通管理等部门工作。

三、交通设备与控制工程

随着信息技术、大数据、人工智能等不断发展,交通领域逐渐融合了这些新兴科技,运用更加智能化、高效化的监控、数据采集等设备实现对交通情况的监控和管理,交通设备与控制工程专业应运而生。

该专业的主要研究方向有交通仿真技术、网络化智能交通检测技术、智能交通传感技术、城市交通管理与决策支持系统等,开设的专业课程主要有交通系统建模与仿真、交通控制、交通数据处理方法、交通智能检测原理及应用等。

交通设备与控制工程专业的学生毕业后可以去国家和地方的交通信息部门、高速公路监控部门、开展智能交通业务的互联网企业等。

第四节　主要就业方向

道路交通类专业的学生毕业后,可以从事道路桥梁与地下工程的勘测、规划、设计、建造、监理、咨询、管理等方面的技术工作,主要就业于公路、运输、市政、建筑等行政主管部门及相关企事业单位。我国正处于基础设施建设高速发展时期,道路交通类专业的学生就业前景良好。

一、管理部门

(一)发展和改革委员会交通部门

发展和改革委员会(简称发改委)的交通部门主要包括国家发改委下属的综合运输研究所和各地发改委交通处。其工作重点是研究交通运输发展状况,提出交通运输发展战略、规划和体制改革建议;负责各种交通方式之间发展计划的衔接和重大问题的协调;拟订促进交通运输技术进步的政策,对交通运输现代化实施宏观指导;衔接项目布局,审核交通运输建设重大项目;研究提出交通运输行业专项投资的年度计划。发改委在我国交通管理体系中处于最高位置,通过基础设施建设和交通运输规划等宏观地对交通系统进行调控。

(二)交通运输部门

交通运输部门由中央到地方分为交通运输部(国家)、交通运输厅(省、自治区)、交通委员会(直辖市、大城市)、交通运输局(地级市及以下)等,是政府负责主管公路、水路和铁路的工作机构,主要以设施维护、市场监管、标准和法规制定等手段间接地管理交通系统。

交通运输部的具体职能包括管理国家铁路局、中国民用航空局、国家邮政局,拟定交通运输发展战略和政策,编制交通规划,起草相关法律法规草案,拟定交通运输标准,监管道路、水路运输市场等。地方的交通运输厅、委员会、局的职能与交通运输部类似,但其工作内容大多仅限于公路、水路和地方铁路的管理。地方的公路局、高速公路管理局和水运管理局等是政府交通运输部门的下属机构,负责公路、高速公路的维护、管理等。

(三)公安系统交通部门

公安系统交通部门是公安系统中负责地区道路交通安全管理的职能部门,包括省公安厅交通管理局、市公安局交通管理局(队)等。交管局的主要工作职责包括维护疏导路面交通秩序、依法纠正处罚各类交通违法行为、办理各类机动车通行证件、管理机动车和驾驶员、处理道路交通事故、起草交通管理方面的地方性法规和规章、规划设置和维护管理道路交通标志设施等,是直接接触驾驶员和行人且活动于交通管理第一线的管理部门。

(四)交通运营调度部门

交通运营调度中心是交通日常运输组织的指挥中枢。例如,城市轨道交通的运营管理、行车组织工作,就是要满足安全运送乘客、设备正常运行的需要,按照列车运行图的要求,提供安全、准点、舒适、快捷的运营服务。图1-6为南宁轨道交通调度指挥大厅。

图 1-6 南宁轨道交通调度指挥大厅

二、规划设计单位

(一)规划单位

规划单位是负责根据城市的发展状况和发展方向,制定出城市未来发展计划的单位。与道路交通相关的规划单位包括城市规划设计院中的交通规划所和专门的公路规划院、交通规划设计院等。例如,中国城市规划设计研究院、交通运输部规划研究院和各省区市的交通规划院等。

交通规划单位的主要工作内容有城市综合交通规划、综合交通枢纽规划、道路控制性详细规划、公共交通规划、轨道交通规划、停车规划、城市交通咨询等。

交通规划单位要定期对城市现有的轨道交通网络进行评价,收集交通需求、乘客出行情况等数据,以此为依据,结合城市总体交通规划,做出满足未来出行需求、节省人力物力及空间资源、便于管理的轨道交通网络规划。

(二)勘察设计院

公路勘察设计院负责公路的勘测和设计,对公路沿线的地质环境等进行考察、勘测,并根据地质勘察结果和地形图设计公路。一般来讲,公路建设中,从勘测到选线设计和结构设计的工作均由公路勘察设计院负责完成。

勘察设计院的具体工作内容包括公路建设项目(包括桥梁、立体交叉、平交道口等)的勘察设计工作、公路市政工程咨询工作(编制项目建议书、项目可行性研究报告、项目申请报告等)和工程钻探和凿井等工程勘察劳务类工作。勘测单位的工作分为内业、外业两部分:内业是在室内进行的文件处理等作业,用设计软件将外业成果转换成设计图纸,工作环境较好,但相对枯燥;外业工作在野外进行,劳动强度较大,条件艰苦,但趣味性相对更高。

（三）市政设计院

市政设计院是负责市政工程和城市道路勘测设计的单位。一般的城市道路设计工作都由市政设计院的城市交通部门完成。

市政设计院城市交通部门的具体工作内容包括城市道路建设项目（包括桥梁、立体交叉、平交道口等）的设计工作、市政工程咨询工作（编制项目建议书、项目可行性研究报告、项目申请报告等）和与市政、城市道路工程相关的勘察工作。图1-7和图1-8分别为由市政设计院完成的交叉口平面设计和交叉口导流岛设计。

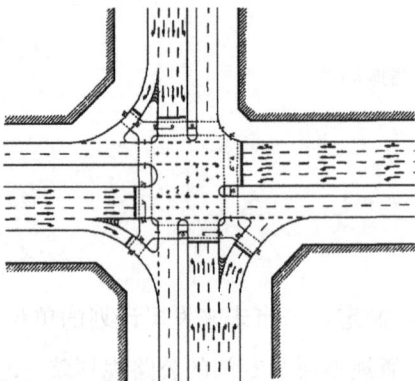

图1-7　交叉口平面设计

图1-8　交叉口导流岛设计

三、施工单位

与道路交通有关的施工单位主要进行道路和桥梁的修建、养护和维修工作，以及相关的市政工程建设工作。道路交通类专业学生可就业的施工单位很多，包括中国中铁股份有限公司、中国铁建股份有限公司、中国交通建设股份有限公司等大型路桥建设企业和市政集团公司等。

（一）中国中铁股份有限公司

中国中铁股份有限公司（简称中国中铁，英文缩写CREC），是中央特大型骨干企业，隶属于国务院国有资产监督管理委员会。

20世纪50年代以来，中国中铁参与过国内所有主要铁路的建设，包括青藏铁路（世界上海拔最高的铁路）、大秦铁路（我国最长的重载铁路）、成昆铁路（在地质构造最为复杂的地区进行的铁路建设项目之一）和京九铁路（我国最长的南北铁路，联结北京和香港）等。

中国中铁是我国铁路桥梁和隧道建设行业领军企业之一，尤其擅长建设复杂铁路特大桥，在我国市场占有主导地位。独立完成或参与建设了所有跨越长江和黄河的铁路桥及公铁两用桥，还承建了北京火车站、南京火车站和拉萨火车站等多个大型火车站。

（二）中国铁建股份有限公司

中国铁建股份有限公司（简称中国铁建，英文缩写 CRCC），是中央特大型企业，隶属于国务院国有资产监督管理委员会。

中国铁建是我国最大的公路工程承包商，主要业务集中于高速公路和高等级公路的修建，尤其擅长修建难度大、技术标准高的公路桥梁和隧道。中国铁建的桥梁和隧道建设水平在我国乃至世界处于领先地位。参与或独家承建了国内主要的跨江、跨河和跨海大桥，以及国内几乎所有的标志性隧道，包括穿越长江、黄河的隧道及海底隧道。

中国铁建是我国城市轨道交通建设市场的领导者，参与了我国已建及在建城市轨道交通项目的所有城市的勘察、设计和建设。成功地修建了我国第一条地铁——北京地铁 1 号线，参加了上海磁悬浮列车示范运营线的建设，是我国唯一拥有磁悬浮轨道梁技术自主知识产权的企业。

（三）中国交通建设股份有限公司

中国交通建设股份有限公司（简称中国交建或中交），是国务院国有资产监督管理委员会监管的中央企业。

中国交建在承建和设计的众多国家重点工程建设项目中，创造了诸多我国乃至亚洲和世界水工、桥梁建设史上的"第一""之最"。长江口深水航道整治工程为我国最大的河口航道整治工程，其规模、技术难度堪称世界之最。上海洋山深水港区一期工程开创了世界建港史上在外海依托岛礁、远离大陆海域建设大型现代化集装箱港区的先例。南京长江三桥是世界上第一座人字弧线形钢塔斜拉桥。苏通长江大桥为世界上主塔最高、群桩基础规模最大、斜拉索最长的斜拉桥。港珠澳大桥为世界上最长的跨海大桥。

第二章

道路交通基础知识

本章主要介绍道路交通中的道路、桥梁、隧道、城市轨道交通、立体交叉、综合交通枢纽的相关内容。需要说明的是,本书只涉及道路交通中的基础设施部分,不包括行驶在道路交通基础设施上的交通(载运)工具。

第一节　道路及其分类分级

一、道路的定义

道路,从词义上讲就是供各种无轨车辆和行人通行的基础设施,按其使用特点分为公路、城市道路、乡村道路、厂矿道路、林业道路、考试道路、竞赛道路、汽车试验道路、车间通道以及学校道路等。

(一)公路

根据《中华人民共和国公路法》的规定,公路按照其在公路网中的地位,分为国道、省道、县道和乡道。包括陆面道路和公路桥梁、公路隧道和公路渡口。

（二）城市道路

《城市道路管理条例》规定,城市道路是指城市供车辆、行人通行,具备一定技术条件的道路、桥梁及其附属设施。

（三）属于单位管辖范围但允许社会机动车通行的道路

如厂矿道路、机场道路、港区道路等,凡是社会机动车可以自由通行的,均按照道路进行管理。

（四）什么不属于"道路"？

除《中华人民共和国道路交通安全法》定义的"道路"以外的其他道路,如矿区、厂区、林区、农场等单位自建的不通行社会车辆的专用道路、乡间小道、田野机耕道、城市楼群或排房之间的甬道以及机关、学校、住宅小区内的甬道等均不属于《中华人民共和国道路交通安全法》规定的道路范畴。

二、道路的分类分级

道路按照交通性质和所在位置主要分为公路和城市道路两大类。

（一）公路

公路是联结城市、乡村、厂矿和林区的道路,主要供汽车行驶并且具备特定技术条件的交通设施。公路的分类方法有两种:行政分级和技术分级。

1)按照行政等级分

(1)国家干线公路:国家公路网中具有全国性政治、经济、国防意义的国家干线公路。

(2)省干线公路:在省级公路网中具有全省性政治、经济、国防意义的省级干线道路。

(3)县公路:具有全县性政治、经济、国防意义的县级干线道路。

(4)乡公路:为乡村生产、生活服务并确定为乡级道路的道路。

(5)专用道路:例如厂矿、林区、油田的专用道路等。

2)按照技术等级分

(1)高速公路

专供汽车分向、分道行驶,全部控制出入的干线公路;具有 4 个或 4 个以上车道,设有中央分隔带,全部立体交叉;具有完善的交通安全设施和管理设施、服务设施;四车道适应交通量为 25000～55000 辆/d(小客车)、六车道适应交通量 45000～80000 辆/d、八车道适应交通量为 60000～100000 辆/d。

(2)一级公路

联结高速公路或某些大城市的城乡接合部、经济开发带等地区的干线公路,为车辆提供分向、分道行驶,设施和高速公路基本相同,部分控制出入,一般应该设置隔离带,交通量为 15000~30000 辆/d(小客车)。

(3)二级公路

联络中等以上城市的干线公路,或者是通往大工矿区、港口的公路,交通量为 4500~7000 辆/d(中型载重汽车)。

(4)三级公路

沟通县、城镇之间的集散公路,适应交通量为 1000~4000 辆/d。

(5)四级公路

沟通乡、村的地方道路,适应交通量为 1500 辆/d 以下(双车道)、200 辆/d 以下(单车道)。

(二)城市道路

城市道路是通达城市的各地区,供城市内交通运输及行人使用,便于居民生活、工作及文化娱乐活动,并与市外道路连接,负担着对外交通的道路。

根据《城市道路设计规范(2016 年版)》(CJJ 37—2012),城市道路根据其在城市道路系统中的地位和功能等主要分为 4 个等级:快速路、主干路、次干路、支路。

(1)快速路

主要为城市长距离、快速交通服务,只准汽车行驶,控制出入四车道以上,有中央分隔带,全部或部分采用立体交叉,与次干路可采用平面交叉。

(2)主干路

城市道路网的骨架,联系主要工业区、住宅、港口、车站等地区,以交通功能为主,一般为六车道,两侧不宜设吸引人流的建筑物。

(3)次干路

配合城市主干路,起联结、集散交通作用,联结主干路的辅助性干路,联结城市各部分并集散交通,兼有服务功能,可设置停车场,一般是四车道,可不设非机动车道。

(4)支路

以服务功能为主,联结干路。

城市道路按其行车速度、机动车道数、是否设置分隔带、横断面形式进行分级,见表 2-1。

城市道路的分级 表 2-1

类型	级别	计算行车速度(km/h)	双向机动车道数	分隔带设置	横断面形式
快速路	—	60~80	≥4	必须设	双、四
主干路	I	50~60	≥4	应该设	单、双、三、四
	II	40~50	3~4	应该设	单、双、三
	III	30~40	2~4	可设	单、双、三

类型	级别	计算行车速度(km/h)	双向机动车道数	分隔带设置	横断面形式
次干路	I	40～50	2～4	可设	单、双、三
	II	30～40	2～4	不设	单
	III	20～30	2	不设	单
支路	I	30～40	2	不设	单
	II	20～30	2	不设	单
	III	20	2	不设	单

第二节 桥梁的分类和主要形式

一、桥梁的分类

桥梁是指架设在江河湖海上,使车辆行人等能顺利通行的构筑物。为适应现代高速发展的交通行业,桥梁亦引申为跨越山洞、不良地质或满足其他交通需要而架设的使通行更加便捷的建筑物。桥梁一般由上部构造、下部结构、支座和附属构造物组成。上部结构又称桥跨结构,是跨越障碍的主要结构;下部结构包括桥台、桥墩和基础;支座为桥跨结构与桥墩或桥台的支承处所设置的传力装置;附属构造物则指桥头搭板、锥形护坡、护岸、导流工程等。

(1)按用途分,有铁路桥、公路桥、公铁两用桥、人行桥、运水桥(渡槽)及其他专用桥梁(如通过管道、电缆等)。

(2)按跨越障碍分,有跨河桥、跨谷桥、跨线桥(又称立交桥)、高架桥、栈桥等。

(3)按采用材料分,有木桥、钢桥、钢筋混凝土桥、预应力混凝土桥、圬工桥(包括砖桥、石桥、混凝土桥)等。

(4)按桥面在桥跨结构的不同位置分,有上承式桥、下承式桥和中承式桥。上承式桥的桥面布置在桥跨结构的顶面,其桥跨结构的宽度可以较小,构造简单,桥上视线不受阻挡;下承式桥的桥面布置在桥跨结构的下部,其建筑高度(自轨底至梁底的尺寸)较小,桥下净空增大,但桥跨结构较宽,构造比较复杂;中承式桥的桥面置于桥跨结构的中部,主要用于拱式桥跨结构。

二、桥梁的主要形式

桥梁可以按照不同的标准进行分类,如果对桥梁按结构的受力特点,即结构中"轴向力、弯矩及剪力的分布特点"分类,可以分成4～7种基本形式。在我国,一般将桥梁归入四大桥型,即梁桥、拱桥、悬索桥和斜拉桥。

(一)梁桥

梁桥(图2-1)是指以受弯为主的主梁作为承重构件的桥梁。主梁可以是实腹梁或桁架梁。实腹梁构造简单,制造、架设和维修均较方便,广泛用于中、小跨度桥梁,但在材料利用上不够经济。桁架梁的杆件承受轴向力,材料能充分利用,自重较轻,跨越能力大,多用于建造大跨度桥梁。按照主梁的静力体系分类,可分为简支梁桥、连续梁桥和悬臂梁桥。

图2-1 梁桥

(二)拱桥

拱桥(图2-2)是指在竖直平面内以拱作为主要承重构件的桥梁。拱桥呈向上凸起的曲面,其最大主应力沿拱桥曲面作用,沿拱桥垂直方向的最小主应力为零。最早出现的拱桥是石拱桥,借着类似梯形石头的小单位,将桥本身的重量和加诸其上的载重水平传递到两端的桥墩。各个小单位互相推挤时,同时也增加了桥体本身的强度。近现代的拱桥则更多地使用混凝土或钢材建造。

图2-2 拱桥

（三）悬索桥

悬索桥（图2-3）是指以通过索塔悬挂并锚固于两岸（或桥两端）的缆索（或钢链）作为上部结构主要承重构件的桥梁。悬索桥的构造方式是19世纪初被发明的，许多桥梁使用这种结构方式。由于悬索桥可以充分利用材料的强度，并具有用料省、自重轻的特点，因此悬索桥在各种体系桥梁中的跨越能力最大，跨径可以达到1000m以上。

图2-3 悬索桥

（四）斜拉桥

斜拉桥（图2-4）又称斜张桥，是指由连接到桥塔上的拉索来支撑桥面的桥梁。斜拉桥是将主梁用许多拉索直接拉在桥塔上，由承压的塔、受拉的索和承弯的梁体组合起来的一种结构体系。其可看作是用拉索代替支墩的多跨弹性支承连续梁。这种形式可使梁体内弯矩减小，降低建筑高度，减轻结构重量，节省材料。

图2-4 斜拉桥

第三节　隧道的分类和主要形式

一、隧道的分类

隧道是一种埋藏于地层内的工程建筑物,是人类开发土地资源、地下空间的一种形式。1970 年,国际经济合作与发展组织则将隧道定义为:以某种用途在地面下用任何方法按规定的形状和尺寸修筑的断面面积大于 $2m^2$ 的洞室。

隧道的分类繁多,以不同的角度会有不同的分类方法。

(1)按照隧道所处的地质条件分类:分为土质隧道和石质隧道。

(2)按照隧道的长度分类:分为短隧道、中隧道、长隧道和特长隧道。

(3)按照国际隧道协会(ITA)的划分标准(以断面面积大小为依据)分类:分为极小断面隧道($2 \sim 3m^2$)、小断面隧道($3 \sim 10m^2$)、中等断面隧道($10 \sim 50m^2$)、大断面隧道($50 \sim 100m^2$)和特大断面隧道(大于 $100m^2$)。

(4)按照隧道所在的位置分类:分为山岭隧道、水底隧道和城市隧道。

(5)按照隧道埋置的深度分类:分为浅埋隧道和深埋隧道。

(6)按照施工方法分类:分为钻爆法隧道、明挖法隧道、机械法隧道和沉埋法隧道。

(7)按照断面形状分类:分为圆形隧道、矩形隧道和马蹄形隧道。

(8)按照隧道的用途分类:分为交通隧道、水工隧道、市政隧道和矿山隧道。

其中就隧道的长度进行分类,具体标准有所不同。

《公路隧道设计细则》(JTG/T D70—2010)将公路隧道按其长度分为 4 类,见表 2-2。随着我国交通技术的不断发展,我国交通硬实力不断增强,在隧道长度、强度上有了重大突破,用一种全新的长度分类标准来看,可分为 6 类,见表 2-3。《铁路隧道设计规范》(TB 10003—2016)将铁路隧道按其长度亦分为 4 类,见表 2-4。

公 路 隧 道 分 类　　　　表 2-2

隧道分类	特长隧道	长隧道	中隧道	短隧道
隧道长度 L（m）	$L > 3000$	$3000 \geqslant L > 1000$	$1000 \geqslant L > 500$	$L \leqslant 500$

公路隧道按长度分类(新)　　　　表 2-3

隧道分类	超长隧道	特长隧道	长隧道	中长隧道	中隧道	短隧道
隧道长度 L（m）	$L > 10000$	$10000 \geqslant L > 5000$	$5000 \geqslant L > 3000$	$3000 \geqslant L > 1000$	$1000 \geqslant L > 500$	$L \leqslant 500$

铁 路 隧 道 分 类   表 2-4

隧道分类	特长隧道	长隧道	中隧道	短隧道
隧道长度 L(m)	$L > 10000$	$10000 \geqslant L > 3000$	$3000 \geqslant L > 500$	$L \leqslant 500$

二、交通隧道的主要形式

交通隧道是隧道中最重要的一种,也是隧道中最多的一种,其作用是提供地下运输通道。交通隧道主要分为公路隧道、铁路隧道、水底隧道、地下铁道和地下通道等。

(一)公路隧道

过去我国由于经济、技术等原因,在公路修建时,常常逢山开路,遇水搭桥,不顾道路交通环境等问题,很少修建隧道。但随着社会的不断发展,我国的经济水平和技术水平不断提高,隧道的数量也在不断增加,现在山区里常采用隧道方案以保持原有的生态环境。图2-5为我国已建成的最长的高速公路隧道——六盘山隧道。

图2-5 六盘山隧道

(二)铁路隧道

铁路隧道是修建在地下或水下并铺设铁路供机车车辆通行的建筑物。根据其所在位置可分为三大类:为缩短距离和避免大坡道而从山岭或丘陵下穿越的山岭隧道;为穿越河流或海峡而从河下或海底通过的水下隧道;为适应铁路通过大城市的需要而在城市地下穿越的城市隧道。这三类隧道中修建最多的是山岭隧道。图2-6为我国目前最长的铁路隧道——终南山隧道。

(三)水底隧道

水底隧道是修建在江河、湖泊、海港或海峡底下的隧道。它为铁路、城市道路、公路、地下铁道以及各种市政公用或专用管线提供穿越水域的通道,有的水底道路隧道还设有自行车道和人行通道。图2-7为我国第一条水底隧道——打浦路隧道。

图2-6　终南山隧道

图2-7　打浦路隧道

(四)地下铁道

地下铁道,简称地铁,狭义上专指以在地下运行为主的城市铁路系统或捷运系统。但广义上,为了配合修筑的环境,许多此类的系统也会有地面化的路段存在,因此通常涵盖都会地区各种地下与地面上的高密度交通运输系统。图2-8是北京地铁14号线园博园站。

(五)地下通道

修建地下通道的目的是缓解人与车之间的交通矛盾以及缓解因人与车之间交通矛盾所带来的交通拥堵等问题。在建设交通大国阶段,我国修建了许多的地下通道,这些地下通道也缓解了问题交叉口的交通拥堵问题。现阶段,我国建设交通强国的理念是以人为本,所以对于地下通道的重视度并不是很高,正在采取一些其他方式来缓解这一部分交通压力。图2-9为哈尔滨中央大街的地下通道。

图2-8 北京地铁14号线园博园站

图2-9 哈尔滨中央大街人行地下通道

除此之外,为增加建筑使用率,地下通道常常与地铁以及大型购物中心相结合,如南京的新街口交通枢纽、上海的人民广场交通枢纽等。

第四节 城市轨道交通的分类和主要形式

一、城市轨道交通的分类

根据《城市公共交通分类标准》(CJJ/T 114—2007)中的定义,城市轨道交通为采用轨道结构进行承重和导向的车辆运输系统,依据城市交通总体规划的要求,设置全封闭或部分封闭的专用轨道线路,以列车或单车形式,运送相当规模客流量的公共交通方式。

城市轨道交通的种类和形式多种多样。一般按驱动方式、车辆尺寸、车辆的轴距和轴重以及轨道的规格等指标区分车型,并将各车型划入地铁、轻轨、跨座式单轨和有轨电车等运营方式,见表2-5。

轨道交通分类的具体方式

表2-5

项目名称	A 型车	B 型车	C 型车	D 型车	Lb 型车	单轨车
车辆驱动特征	钢轮/钢轨					胶轮-跨座单轨
	旋转电机				直线电机	
车轴数	四轴	四轴	四、六、八轴一铰接车		四轴	四轴
车辆轴重(t)	≤16	≤14	≤11		≤13	≤11
车厢基本长度(m) 单司机室车厢	23.6	19	—	—	17.2	14.6
	24.4	19.55	—	—		5.5
车厢基本长度(m) 无司机室车厢	22.0	19	—	—	16.84	13.9
	22.8	19.55	—	—		14.6
车辆基本宽度(m)	3.0	2.8	2.6	2.6	2.8	2.9(车门) 2.98(踏板)

表2-5展示了划分车型的部分依据,其中A、B和Lb型车为地铁车型,C型车为轻轨车型。特别值得注意的是,一般民众口中"高架就是轻轨,地下就是地铁"的分类方法是完全错误的。轨道交通不会同时存在两种形态,地铁可以有地面段和高架段,轻轨也可能出现地下段。

目前,国内城市已开通运营的城市轨道交通制式包括地铁、轻轨、单轨(仅重庆)、有轨电车、磁悬浮交通(仅上海)以及市域快轨。城市轨道交通发展至今,其多元性在其他交通工具中名列前茅,各种制式的定义与界限有时也不是特别清晰。

2018年底,内地累计35个城市建成投运城轨线路5761.4km,按制式划分:地铁4354.3km,占线路总长的75.6%;轻轨255.4km,占线路总长的4.4%;单轨98.5km,占线路总长的1.7%;市域快轨656.5km,占线路总长的11.4%;现代有轨电车328.7km,占线路总长的5.7%;磁浮交通57.9km,占线路总长的1%;APM线(Automated People Mover Systems,自动旅客捷运系统)10.2km,占线路总长的0.2%。

二、城市轨道交通的主要形式

(一)地铁

1)地铁的概念

地铁是地下铁道的简称,是一种一般运行于城市中心地下的高运量轨道交通,但许多地铁线路也会出于节约成本等目的在地面轨道或高架轨道上运行。根据相关标准,满足大运量、采用钢轨钢轮和标准轨距(1435mm)且使用A、B型车的城市轨道交通称为地铁,该标准与列车的运营环境是否处于地下没有关系。此外,国际上对地铁一般还有不与其他交通发生平交等要求。

2）地铁的建设流程

按现行规定,我国地铁项目从建设前期工作到建设、投产一般要经历以下几个阶段的工作程序:

（1）根据城市规划和交通发展要求制定轨道交通建设规划并上报国家发改委。

（2）经国家发改委批准规划后,经勘察、试验、调研和论证,编制可行性报告。

（3）对工程项目进行初步设计和概算。

（4）对土建、机电设备、车辆等进行招标。

（5）中标单位协同相关交通、市政单位做施工准备,组织施工。

（6）项目按批准的设计内容建成并经竣工验收和试运营合格后,正式投入运营。

以下简要介绍我国规模最大的 5 个地铁线网（数据来源为中国城市轨道交通协会编制的《城市轨道交通 2019 年度统计和分析报告》）,其标志见图 2-10:

图 2-10　地铁标志

（1）北京地铁

截至 2019 年底,北京共开通地铁线路 20 条和车站 359 座,总运营里程 637.6km,位居世界第二。2019 年,北京城轨交通年客运量 39.6 亿人次,日均客运量 1087 万人次,位居全国第一、世界第一。

（2）上海地铁

截至 2019 年底,上海共开通地铁线路 15 条和车站 411 座,总运营里程 669.5km,位居世界第一。2019 年,上海城轨交通年客运量 38.8 亿人次,日均客运量 1064 万人次,位居全国第二、世界第二。

（3）广州地铁

截至 2019 年底,广州共开通地铁线路 13 条和车站 242 座,总运营里程 489.4km,位居全国第三、世界第三。2019 年,广州城轨交通年客运量 33.1 亿人次,日均客运量 906.8 万人次,位居全国第三。广州地铁 1 号线开通于 1997 年,使用的进口西门子列车与上海地铁标准相同。

（4）南京地铁

截至 2019 年底，南京共开通地铁线路 5 条和车站 187 座，总运营里程 176.8km，位居全国第九。2019 年，南京城轨交通年客运 11.5 亿人次，日均客运量 315.7 万人次，位居全国第七。南京地铁于 2005 年投入运营，曾是我国大陆唯一实现盈利的地铁系统。

（5）深圳地铁

截至 2019 年底，深圳共开通地铁线路 8 条和车站 201 座，总运营里程 304.4km，位居全国第五。2019 年，深圳城轨交通年客运量 17.9 亿人次，日均客运量 490.8 万人次，位居全国第四。深圳地铁最早开通于 2004 年，在建设和运营中大量学习了香港地铁和广州地铁的经验，4 号线（龙华线）更是大陆第一条由香港地铁运营的线路。深圳地铁在建设和运营中进行了大量创新，地铁线路采用文字编号双重命名、11 号线（机场线）设置商务车厢等举措都为全国首例。

（二）其他城市轨道交通

（1）轻轨

轻轨是一种采用钢轨钢轮和标准轨距（1435mm），运行在城市中心或市郊的中运量城市轨道交通。轻轨的原意是采用较轻轨道的轨道交通，但我国对轻轨的标准只涉及所使用的车辆类型和运量。和地铁一样，轻轨的标准与运营环境无关，如长春轨道交通 3 号线就同时在地面和地下运营，地面段还有与城市道路的平交路口。轻轨使用的 C 型车宽 2.6m，各节车厢两侧设 4 对车门。

截至 2019 年，我国共有长春、天津、大连、上海 4 座城市建成了严格意义上的轻轨，其中天津轨道交通 9 号线已改造升级为使用 4 节编组 B 型车的地铁。我国现有运营中的轻轨线路共 6 条，分别为长春轨道交通 3、4 号线，大连快轨 3、12 号线和上海轨道交通 5、6 号线。

（2）跨座式单轨

跨座式单轨是只依靠一根轨道进行支撑和导向，车体骑跨在轨道上的城市轨道交通。其造价低于一般轨道交通，且爬坡能力强，转弯性能好，十分适合经济基础不强、地形复杂的城市。由于符合人们心中"轻轨在天上开"的认知，跨座式单轨往往被误称为轻轨。实际上，仅有一条轨道、往往采用胶轮系统的跨座式单轨与轻轨和地铁甚至连"近亲"都算不上。

截至 2019 年，我国只有重庆市拥有两条正式运营的单轨线路：重庆轨道交通 2、3 号线。其中，重庆轨道交通 3 号线是目前全球运营里程最长的单轨线路。图 2-11 为跨座式单轨。

（3）磁悬浮

磁悬浮列车运用磁悬浮技术，使列车车体漂浮于轨道之上，从而减小阻力，获得极高的速度。但由于技术不成熟、造价过高、运营成本过高等原因，自 2002 年上海磁悬浮通车后，全球没有出现一条新建的高速磁悬浮。因此，上海磁悬浮至今仍是全球唯一运营中的高速磁悬浮。

图 2-11　跨座式单轨

与受到冷遇的高速磁悬浮不同,相对经济并可以用来快速沟通机场或卫星城的中低速磁悬浮受到了多座城市的欢迎。深圳曾计划在沟通市中心和盐田区的地铁 8 号线上采用中低速磁悬浮技术,但该计划因部分市民的反对而被取消。长沙市于 2016 年开通了联通长沙南站和长沙黄花机场的磁浮快线,成为我国首座建成中低速磁悬浮的城市。同样采用中低速磁悬浮方案的北京轨道交通 S1 线也已于 2017 年投入运营。磁悬浮列车如图 2-12 所示。

图 2-12　磁悬浮列车

(4)传统有轨电车

有轨电车有着悠久的历史,我国的第一条有轨电车线路是比利时人在天津修建的"白牌",开通于 1906 年。民国时期至改革开放前,上海、北京、长春、大连、哈尔滨等大城市都建设了规模庞大的有轨电车网络作为城市公共交通的主力。改革开放后,有轨电车运行速度慢、与汽车共享路权、运行范围受限等缺点逐渐凸显;除大连、长春外的各大城市都废弃、拆除了原有的有轨电车系统。截至 2019 年,我国大陆的传统有轨电车线路仅余 4 条(长春 54、55 路和大连 201、202 路)。北京、哈尔滨等地曾开通旅游"有轨电车",但不设供电网,车辆依靠内燃机运行,并非真正意义上的有轨电车。图 2-13 为有轨电车。

图 2-13　有轨电车

（5）现代有轨电车

现代有轨电车与传统有轨电车类似，在路面上依靠供电网提供的电力驱动，但现代有轨电车往往拥有相对独立的路权甚至封闭的运行区间，运行速度也高于传统有轨电车。地铁、轻轨等运量较大、成本较高的城市轨道交通需经国家发改委批复后方能开始建设，而建设现代有轨电车则仅需市一级发改委批准。低成本和高灵活性使现代有轨电车成为需要轨道交通缓解交通压力，却达不到修建地铁所需的硬性指标的小城市和大城市卫星城区的不二之选。截至2019 年，已有北京、上海、广州、深圳、苏州等 20 余座城市开通或开始修建现代有轨电车。图 2-14 为现代有轨电车。

图 2-14　现代有轨电车

（6）APM

APM 是自动旅客捷运系统（Automated People Mover Systems）的简称，是一种自动驾驶的微型轨道交通，在国外大型机场的各航站楼之间往往能见到它的身影。我国首条 APM 是北京首都国际机场 T3 航站楼旅客捷运。广州在 2010 年亚运会前夕开通了珠江新城 APM，是我国

第一条用于城市轨道交通的 APM 线。此外,2019 年上海轨道交通浦江线也正式投入运营。图 2-15 为 APM。

图 2-15 APM

第五节 立 体 交 叉

一、概述

立体交叉是指公路、铁路等交通线路需要交叉时,在交叉口用跨路桥或隧道使相交线路在不同水平面上通过,可采用涵洞、隧道、高架桥、立交桥等多种形式。立体交叉可以减少交叉口的冲突点、减少事故率、提高通过效率,是一种相较平面交叉拥有众多优势的交叉方式。但立体交叉也存在占地面积大、建造维护成本高等劣势。本节主要介绍狭义的立交,即交叉公路的立交桥。

立交桥是立体交叉桥的简称,是指在两条以上的交叉道路交汇处建立的上下分层、多方向互不相扰的现代化桥梁,也包括立体交叉工程中的下沉式隧道。按用途可分为公路立交桥、城市立交桥、铁路立交桥、公路铁路立交桥、人行立交桥等。立交桥常为双层或多层体系,或为弯、坡、斜和异形桥,常选中、小跨度和建筑高度小的结构。

作为一种汽车时代新兴的交通设施,相对于第一台汽车的产生而言,其出现较晚,但发展迅速。1928 年,美国新泽西州修建了世界上第一座立交桥。此后,这一先进的交叉方式在加拿大、瑞典、德国、苏联等国也得到了应用。1955 年,我国内地第一座立交桥在武汉落成;在改革开放前,广州、北京等大城市也陆续建设了立交桥。现在,随着我国机动车保有量和各大城市交通压力的不断攀升,立交桥已经走进大多数大、中城市,成为我们日常出行中不可或缺的交通设施。图 2-16 为立体交叉口。

图 2-16　立体交叉口

二、立体交叉的类型

立体交叉有多种多样的形式,也有多种分类标准。

立体交叉按结构物形式划分可分为用跨线桥从相交道路上方跨过的上跨式和以隧道从下方穿过相交道路的下穿式。

根据交通功能的不同,还可以将立体交叉分为分离式立交、部分互通式立交和完全互通式立交。分离式立交是指两条道路之间无连接的立交,常见于高速公路和低等级乡村道路、公路与铁路之间。部分互通式立交是指在使两条道路交叉的基础上,还可以满足一个或多个特定方向车流转弯需要的立交,常见以下两种形式。

(一)部分互通式立交

(1)菱形立交

菱形立交的两条道路十字交叉,主要道路以分离形式穿越次要道路,在以相交道路为轴线的 4 个象限内,从主要道路两侧斜向引出单向进出匝道至次要道路平面交叉口,总体布置成菱形结构。菱形立交的主要功能是保证快速路主线直行方向的通畅,故主线上左右转弯仅设单一进出口。菱形立交适用于重要道路和次要道路相交,且次要道路交通量和转弯交通量较少的交叉口。其优点是占地面积小,仅建一座立交桥,结构简单,造价较低。图 2-17 是菱形立交剖面图。

(2)部分苜蓿叶形立交

部分苜蓿叶形立交的功能和适用条件与菱形立交类似,同样具有造价低、占地少的优点,还有扩建为完整的苜蓿叶形立交的潜能。但部分苜蓿叶形立交的次线上存在冲突点,可能影响转弯车流的通行效率,其剖面图如图 2-18 所示。

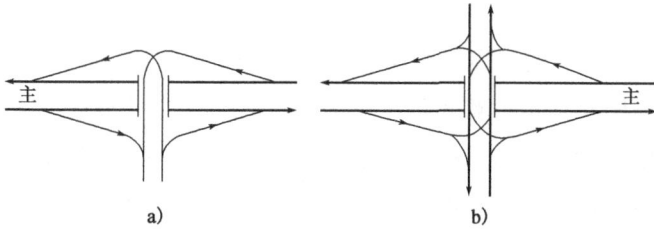

图 2-17 菱形立交剖面图

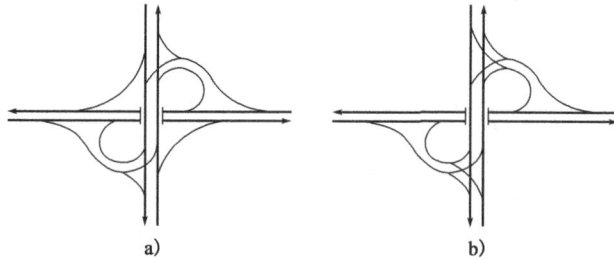

图 2-18 部分苜蓿叶形立交剖面图

(二)完全互通式立交

相较于部分互通式立交而言,能满足更多交通功能的是完全互通式立交,其允许车辆由任意方向驶入并从任意方向驶出,各方向的转弯均有专属匝道。完全互通式立交的代表形式有以下 4 种:

(1)苜蓿叶形立交

苜蓿叶形立交是历史最悠久,外形最美观,也最常见的立交形式之一,因平面形似苜蓿叶(四叶草)得名。苜蓿叶形立交交通运行连续自然,无冲突点,仅需一座构造物。但这种立交桥占地面积大,左转绕行距离较长,环圈式匝道适应车速较低,且桥上、下存在交织,多用于高速道路之间的立交,而在城市内因受用地限制很难采用。图 2-19 为苜蓿叶形立交剖面图和典型代表——北京国贸立交桥。

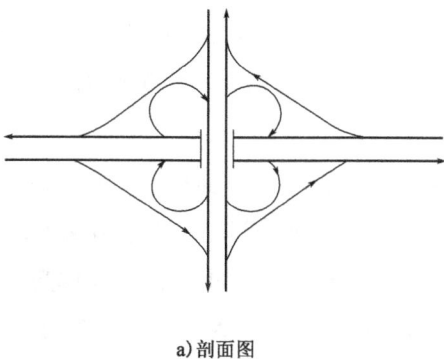

a)剖面图　　　　　　　　　　　b)北京国贸立交桥

图 2-19 苜蓿形立交

（2）喇叭形立交

喇叭形立交是三路立交的代表形式，次要道路上跨主要道路，由三条转弯角度较小的匝道和一条环圈式匝道连接次路和主路的各个方向。喇叭形立交可根据环圈匝道的方向分为A式和B式：次路车辆经环圈左转匝道驶入主线（或正线）为A式，主路车辆通过环圈匝道驶出则为B式。喇叭形立交的环圈式匝道适应车速较低，但其他三条匝道都能为转弯车辆提供较高速度的半定向运行。此外，喇叭形立交还有只需一座构造物、无冲突点、通行能力大、行车方向容易辨别等诸多优点。图2-20为两种喇叭式立交剖面图。

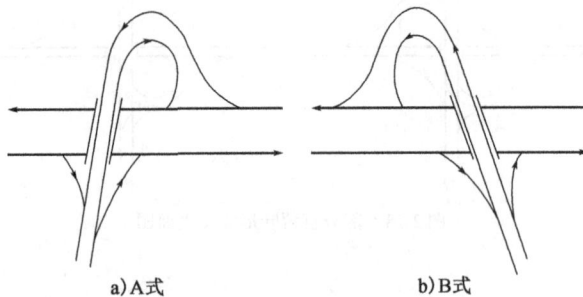

a）A式　　　　　　　b）B式

图2-20　喇叭式立交剖面图

（3）Y形立交

Y形立交是一种较喇叭形立交更为高级、更为复杂的三路立交。定向或非定向的左转匝道使Y形立交上的转弯车辆可以以更高的速度通过，但也大大增加了立交的建设成本和占地面积。Y形立交一般用于三个方向高等级道路的交汇处。

（4）定向式立交

定向式立交是设有一个以上左转弯车辆专用匝道的立体交叉，适用于高等级道路的主要立交或左转弯交通为主要流向的交叉口，是最为复杂的立体交叉形式。定向式立体交叉使左转交通也能直接定向连接，各方向车流都不与其他交通流交叉，可以极大地改善交通条件。但定向式立交的造价高昂、占地面积巨大，在城市中较难实现；相对的，在城市中往往通过使用部分定向立交来满足相应的交通需求。定向式立交为各方向转弯车辆都提供了专属匝道，这在提高车辆通过能力的同时也极大地考验着交管部门的管理水平；模糊不清的交通标志极易使驾驶员面对动辄多达三、四层的立交晕头转向，北京的西直门立交就是一个饱受诟病的例子，如图2-21所示。

此外，在多条道路的交汇处或在已有环岛的旧城区平交路口，由平面环形交叉发展而来的环形立交可以解决交通流复杂、无轨电车需连接地面接触网行驶等问题。主干道交通流利用立交桥直通无阻，转弯及次要交通流则在环道上行驶。在交通量很大的情况下，立体交叉可建成三层式或四层式：上、下两层为直行道，中间层为环行道，供转弯车辆环行。图2-22为郑州紫荆山立交桥。

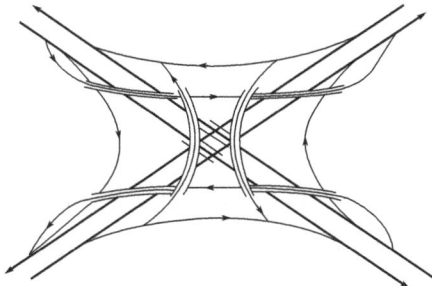

a) 剖面图

b) 实景图

图 2-21 北京西直门立交

图 2-22 郑州紫荆山立交桥

第六节 综合交通枢纽

一、概述

综合交通枢纽的概念来源于《全国城镇体系规划(2006—2020 年)》,它是由两种以上运输方式的干线组成的,是整合铁路、公路、航空、内河航运、海港和运输管道为一体的海陆空协同枢纽体系,是综合交通运输体系的重要组成部分,是衔接多种运输方式、辐射一定区域的客、货转运中心。作为运输网络上的节点,集各种运输方式信息、设备和组织管理于一体,吸引着大量的客货流,是交通运输产业发展的重要支撑。其功能概括为以下三个方面:

(1)为区域内部和区域对外的人员及物资交流提供集散和中转服务,带动和支撑区域经济的发展。

（2）实现不同方向和不同运输方式间客货运输的连续性，完成运输服务的全过程。

（3）为运输网络吸引和疏散客货流，促进交通运输产业的发展。

2009年，国家发改委正式批准武汉市为全国首个综合交通枢纽研究试点城市。

二、综合交通枢纽的分类分级

综合交通枢纽分为国际性综合交通枢纽、全国性综合交通枢纽、区域性综合交通枢纽三大类。《全国城镇体系规划（2006—2020年）》提出在全国范围内建设一级综合交通枢纽城市和二级综合交通枢纽城市。

一级综合交通枢纽城市指在交通分区内中起到支撑作用的城市，对区域经济发展作用十分重要，并在人口和经济规模上具有足够的区域辐射能力。交通系统应同时具备中型枢纽机场、铁路区域性客运中心和公路主枢纽三个条件。包括北京—天津、广州—深圳、上海、武汉、沈阳等城市（群）。

二级综合交通枢纽城市指在区域发展中起到辅助支撑作用的城市。交通系统应至少同时具备中型枢纽机场、铁路大型客运站和公路主枢纽两个条件。包括石家庄、大连、长春、哈尔滨、南京、厦门等城市。

三、综合客运枢纽与综合货运枢纽

（一）综合客运枢纽

综合客运枢纽是将两种及以上对外运输方式与城市交通的客流转换场所在同一空间（或区域）内集中布设，实现设施设备、运输组织、公共信息等有效衔接的客运基础设施。

综合客运枢纽作为城市交通系统的重要组成部分，实现了各种交通方式间的衔接和转换，促进了城市对外交通与城市内部交通的有效整合，对城市发展的影响日益显著，其功能也从传统的单一功能向综合服务功能转变。综合客运枢纽主要有以下三大功能：

（1）交通功能

综合客运枢纽最基本的功能是实现不同交通方式的衔接与转换，并为客流、各式交通工具服务。这两种要素在枢纽内集结并发生乘降关系，综合客运枢纽为客流出行的连贯性、舒适性服务。

（2）经济功能

枢纽人流汇集，蕴含潜在的商机，往往能够形成较强的区域经济活动，促进其周边区域经济的增长，带动地区土地开发，成为区域的经济增长点。枢纽的经济价值取决于枢纽及周边地区的"客流滞留时间"。大型的综合客运枢纽，因其周边用地高密度开发，将逐步发展成为区域中心，缓解城市中心区的高集聚，使城市空间布局朝着可持续多中心结构发展。

（3）环境功能

为大客流服务是综合客运枢纽存在的关键,必须关注人的舒适度问题,为乘客提供生态宜人的枢纽内、外部环境。枢纽借鉴城市设计的各种手法,创造人性化的空间,与周边的环境相协调,满足文化和审美要求。

综合客运枢纽可根据其主导方式分为公路主导型、铁路主导型、水运主导型以及航空主导型枢纽。还可根据现代综合枢纽的特点,从枢纽功能、枢纽能力、枢纽占地三个方面分析枢纽等级划分方法,从而给出枢纽的分级标准,见表2-6。

枢纽分级标准　　　　　　　　　　　　　　　　　　表2-6

等　　级	划　分　标　准
一级	（1）全国性客运枢纽; （2）区域性客运枢纽:设计高峰小时客流≥5万人/h,或设计高峰小时客流换乘量≥2万人/h; （3）占地面积≥10万 m²,或建筑面积≥8万 m²
二级	（1）区域性客运枢纽:设计高峰小时客流<5万人/h,或设计高峰小时客流换乘量<2万人/h; （2）市域性客运枢纽:设计高峰小时客流≥3万人/h,或设计高峰小时客流换乘量≥1.2万人/h; （3）占地面积5万～10万 m²,或建筑面积4万～8万 m²
三级	（1）市域性客运枢纽:设计高峰小时客流<3万人/h,或设计高峰小时客流换乘量<1.2万人/h; （2）片区性客运枢纽:设计高峰小时客流≥1.5万人/h,或设计高峰小时客流换乘量≥0.6万人/h; （3）占地面积2万～5万 m²,或建筑面积1.5万～4万 m²
四级	（1）片区性客运枢纽:设计高峰小时客流<1.5万人/h,或设计高峰小时客流换乘量<0.6万人/h; （2）占地面积0～2万 m²,或建筑面积0～1.5万 m²

（二）综合货运枢纽

综合货运枢纽是指服务两种及以上运输方式,具有货物集散、仓储、中转运输等功能,集中布设并实现不同运输方式之间的货物有效换装与衔接,并具备完善信息系统的货运作业与服务场所,包括城市仓库、铁路货站、公路运输货站、水运客运码头、市内汽车运输站场等。

按照主导运输方式不同,综合货运枢纽可分为4种类型。

（1）公路运输主导型货运枢纽:以公路运输服务功能为主,依托公路货运站形成的综合货运枢纽。

（2）铁路运输主导型货运枢纽:以铁路运输服务功能为主,依托铁路货运站形成的综合货运枢纽。

　　(3)水路运输主导型货运枢纽:以水路运输服务功能为主,依托港口货运作业区形成的综合货运枢纽。

　　(4)航空运输主导型货运枢纽:以航空运输服务功能为主,依托机场货运作业区形成的综合货运枢纽。

第三章

我国道路交通发展状况

公元前 2000 年,中国已有可以行驶牛、马车的道路。西周时期,道路初具规模,出现了有关道路规划、管理的记载。秦汉时发展出馆驿制度,出现了"十里设亭,三十里设驿",世界闻名的丝绸之路也开始兴起。唐朝是中国古代道路发展的兴盛时期,初步形成了以城市为中心的四通八达的道路网。之后的宋、元、明、清,在驿道网的建设和管理上都有所发展。

近代时期是中国公路的萌芽阶段,但受战争影响,大量道路遭到破坏。到中华人民共和国成立前期,道路交通的发展十分有限。

1949 年起至今为现代道路阶段,我国道路交通高速发展。1988 年,大陆第一条高速公路正式通车,此后我国的道路交通基础设施实现了跨越式发展。在公路、桥梁、隧道、城市轨道交通等领域都取得了世界瞩目的成绩。

第一节 公 路

一、我国公路发展概况

截至 2019 年底,我国公路总里程达到 501.25 万 km,比上年增加 16.60 万 km。公路密度为 52.21km/百 km²，比去年增加 1.73km/百 km²。

2008—2019 年我国公路总里程及公路密度增长情况如图 3-1 所示。

图 3-1　2008—2019 年我国公路总里程及公路密度

2019 年底全国四级及以上等级公路里程达到 469.87 万 km，比上年增加 23.29 万 km，占公路总里程的 93.7%，提高 1.6 个百分点。二级及以上等级公路里程达到 67.20 万 km，增加 2.42 万 km，占公路总里程的 13.4%，占比与上年基本持平。高速公路里程达到 14.96 万 km，位居世界第一，覆盖 97% 的 20 万以上人口城市及地级行政中心。高速公路车道里程达到 66.94 万 km，增加 3.61 万 km。国家高速公路里程达到 10.86 万 km，增加 0.31 万 km。2019 年全国公路里程分技术等级构成如图 3-2 所示。

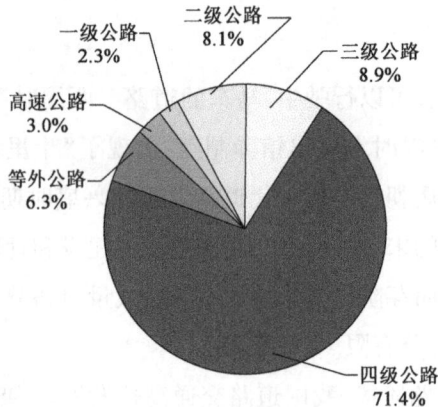

图 3-2　2019 年全国公路里程分技术等级构成

2019 年完成公路建设投资 21895 亿元，比上年增长 2.6%。其中，高速公路建设完成投资 11504 亿元，增长 15.4%。公路建设投资增长情况如图 3-3 所示。

到目前为止，我国各省干线公路网络不断完善，联结了全国县级及以上行政区。农村公路里程达到 420.05 万 km，通达 99.9% 的乡镇和 99.8% 的建制村，其中 88.4% 的里程为高标准的等级公路。

自 20 世纪 80 年代起，经过"五纵七横"规划和"7918"规划时期的建设后，我国高速公路网已经基本成型，在《国家公路网规划(2013—2030 年)》中，国家高速公路网进一步完善，在

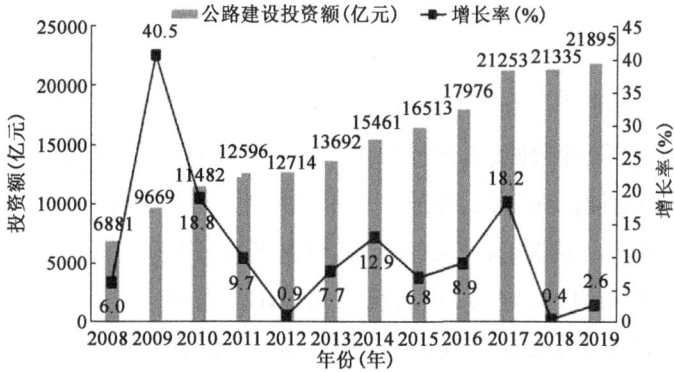

图 3-3　2008—2019 年公路建设投资额及增长速度

"7918"的基础上在西部增加了两条南北纵线,成为"71118"网,规划总里程增加到 11.8 万 km。"71118"分别指 7 条首都放射线、11 条南北纵向线和 18 条东西横向线。此外,规划中还包括了辽中、杭州湾等 7 条地区环线。规划完成后,我国高速公路网将覆盖十多亿人口,其中东部人口覆盖率 90%、中部 83%、西部 70%;高速公路网覆盖地区生产总值占全国 85%,可实现东部平均 0.5h 上高速公路、中部平均 1h 上高速公路、西部平均 2h 上高速公路。

二、我国高速公路之最

我国是一个幅员辽阔,南北气候、东西地形差异巨大的多山国家。由于这种独特的自然条件,我国在高速公路建设中创造了许多工程奇迹。

(一)神州第一路

沈大高速公路,又称沈海高速公路辽宁段,全长 375km,联通沈阳、辽阳、鞍山、海城、营口、大连六大城市,是辽东半岛经济圈的轴心。沈大高速公路始建于 1984 年 6 月,通车于 1990 年 8 月,是我国大陆修建最早的高速公路。2002 年 5 月底至 2004 年 8 月底实施改扩建,由双向四车道变为双向八车道,也是我国大陆第一条八车道高速公路,因此被誉为"神州第一路"。经改扩建后的沈大高速公路是我国标准最高、亚洲隧道最宽的高速公路。图 3-4 为沈大高速公路。

图 3-4　沈大高速公路

(二)我国跨越纬度最大的高速公路

同三高速公路北起黑龙江省佳木斯市同江市,南至海南省三亚市,全长5700km,是唯一一条贯通我国沿海地区的高速公路,也是我国跨越纬度最大的高速公路。由于处于极寒气候区,同三高速公路北端的哈同段在建设、维护中运用了大量先进的公路防寒技术。现在,同三高速公路的主要路段被进行了调整:哈尔滨—同江段改名为绥满高速公路哈尔滨—同江联络线(G1011),哈尔滨—沈阳段改名为京哈高速公路(G1),沈阳—海口段改名为沈海高速公路(G15),海口—三亚段改名为海南环线高速公路(G98)。图3-5为同三高速公路。

图3-5 同三高速公路

(三)我国跨越经度最大的高速公路

连霍高速公路(G30)是联结江苏连云港市和新疆霍尔果斯市的高速公路,全长4395km,经过江苏、安徽、河南、陕西、甘肃、新疆等省区,横贯我国东、中、西部,于2014年12月31日全线通车,成为“一带一路”上重要的交通动脉,是交通运输部规划的国道主干线“五纵七横”中的“第四横”。连霍高速公路是我国跨越经度最大的高速公路、我国建设的最长的横向快速陆上交通通道、我国最美的生态公路。图3-6为连霍高速公路。

(四)我国最繁忙、最赚钱的高速公路

广深高速公路北起广州市黄村立交,南止深圳市皇岗口岸,全长122.8km,属于京港澳高速公路(G4)和沈海高速公路(G15)的一部分。广深高速公路联结了广州和深圳两座特大城市和被称为“世界工厂”的东莞,车流量极大。广东省交通部门提供的资料显示,广深高速公路当初投资114亿元,截至2012年已累计收费超过410亿元,收入远远超过投资。2017年日均车流量达50万辆次左右,被称为“中国最繁忙的高速公路”“中国最赚钱的高速公路”。图3-7为广深高速公路。

图 3-6　连霍高速公路

图 3-7　广深高速公路

（五）我国桥隧比最高的高速公路

汶马高速公路是四川省阿坝州汶川县至马尔康市的高速公路，为蓉昌高速公路（G4217）的一段，路线全长 172km，桥隧比高达 86%，是我国桥隧比最高的高速公路，也是海拔最高、修建难度最大的高速公路之一。其修建难度体现在"五个极其"上：极其复杂的地形、极其复杂的地质、极其复杂的气候条件、极其脆弱的生态条件、极其复杂的工程建设环境。汶马高速公路于 2015 年 7 月全线开工。截至 2017 年 5 月，桥梁施工完成超过 50%、隧道施工完成 40% 左右，雪域高速公路已现雏形。图 3-8 为汶马高速公路。

（六）亚洲投资最大、世界穿越沙漠最长的高速公路

北京—乌鲁木齐高速公路，也称京新高速公路（G7）。京新高速公路是联结北京和乌鲁木齐的高速公路，是国家西部大开发的重要交通要道，全长 2540km，2012 年 9 月动工，2017 年 7 月全线贯通。京新高速公路是亚洲投资最大的单体公路建设项目，耗资 370 亿元。

图 3-8 汶马高速公路

道路建设中共分为 6 段,分别为北京段、河北段、山西段、内蒙古段、甘肃段和新疆段。其中内蒙古段的临河至白疙瘩(蒙甘界)段,全长 930km,横贯巴丹吉林、腾格里、乌兰布和三大沙漠全境,是世界上穿越沙漠最长的一段高速公路。

京新高速公路的建设意义非常之大,公路横贯东北、华北、西北,也称"三北大捷道",是《国家高速公路网规划》中 7 条首都放射线之一,是西北新疆和河西走廊联结首都北京、华北、东北及内地东部地区最为便捷的公路通道,也是一条新的出疆陆路大通道,它使新疆至北京公路里程缩短 1000 多公里,可显著节约运输成本。图 3-9 为京新高速公路。

图 3-9 京新高速公路

三、我国高速公路发展趋势

从 1988 年大陆第一条高速公路通车到现在,我国高速公路的发展速度及规模令世界瞩目。当前,在数量快速增长的同时,我们更加重视安全、高效、绿色、环保,正大力发展绿色高速公路、生态高速公路和智慧高速公路。

（一）绿色高速公路

1）绿色高速公路的内涵

绿色高速公路并不是一种新兴的高速公路发展模式,而是在可持续发展的基础上所提出的发展交通事业的全新理念和实践目标。它强调的是高速公路的"绿色性"。此处的"绿色"包含两个方面的含义:一是保护有限自然资源,创造和谐生态环境,以维护人类社会的可持续发展;二是依据"红色"表禁止、"黄色"表警示、"绿色"表通行的惯例,以"绿色"表示合乎科学性、规范性,表示保护人类通行无阻的可持续发展行为。绿色高速公路不仅涵盖了高速公路系统的内部优化,还包括了内、外高速公路系统的协调发展、互利共生。绿色高速公路更深层次上的含义是和谐的高速公路,包含高速公路与人类、社会的和谐,与资源、生态、环境的和谐,与未来的和谐。

2）绿色高速公路的原则

根据绿色高速公路的含义,其需要遵循以下原则:

（1）人本位原则

以人为本是高速公路系统的发展原则之一,一个高质量、高标准的交通系统必须满足道路的流畅、安全、舒适等要求,满足居民出行要求,为人服务。

（2）生态本位原则

生态本位原则要求协调好高速公路系统主体与所处环境的关系。人与自然应该相互依存,牺牲自然资源、生态种群来换取发展最终必将危害人类自身。

（3）延续性原则

我国文化传承千年,历史文化遗产遍布全国。在经济建设大发展的今天,我们不能以牺牲文化资源为代价,建设要在保留和延续地方风貌、历史风貌的基础上,充实地方特色。

（4）协调性原则

高速公路必须协调好以下关系:一是与土地使用质量之间的关系;二是与环境之间的关系;三是供需平衡关系;四是动态交通与静态交通的关系;五是多种交通方式共存、互补,形成便利、科学的交通系统。

（5）公平性原则

科学发展观指出,我们和后代有着同等的发展权利,后代有权获得与当代人同等的发展空间和机遇。我们不能在使用高速公路交通资源的同时剥夺后代使用的权利,也不能将资源提早消耗的恶果转嫁给后代。

（二）生态高速公路

1）生态高速公路的概念

20世纪90年代,我国开始了建设生态型公路的探索。2003年10月,我国首条生态高速公路——宁杭高速公路江苏段在江苏亮相。"生态高速公路"的概念至今没有统一的认识,一些相关的概念和提法如文化路、景观路以及生态路等在相关的研究和项目中出现,都在一定程度上体现了生态理念。

有学者认为,"生态高速公路"是以交通、生态、景观、文化为综合目标,以可持续发展为指导思想,以生态学、景观生态学、景观设计学、环境科学和工程、生态恢复工程等理论和方法为依据,贯穿高速公路设计、建设、运营的全过程,在完成高速公路工程建设或改造的同时,进行自然生态系统的保护和建设、生态环境污染的治理、景观风貌和绿化环境的设计,使高速公路交通设施作为一种人为景观与周围自然生态景观在更大范围内融为一体,形成高速便捷、生态和谐、环境良好、景观优美、人文丰富的带状复合生态系统。

2) 生态高速公路的特征

生态高速公路与传统高速公路相比有本质的差别,避免了只追求线形质量、遇山开路、遇水搭桥的传统设计观念。生态高速公路的特征主要表现在以下几个方面:

(1) 效益最大原则与可持续发展思想

生态高速公路是在尊重自然和自然规律的前提下,实现资源合理配置,公平地满足当代与后代在发展和环境方面的需要,不因一己之私和一时之利而用掠夺的方式来促进公路暂时的快速建设,断绝可持续发展的基本条件。生态高速公路要尽可能地实现生态效益、社会效益、经济效益等综合效益的最大化。

(2) 对生态环境最小破坏和最大恢复

高速公路建设受到多种因素的制约,会不可避免地对沿线的生态环境造成如植被破坏、环境污染、水土流失等影响。生态高速公路要利用生态学、美学、园林学以及各种工程技术措施将公路建设的破坏限制在最小范围内,并对已破坏的生态环境采取最大限度的恢复,真正把公路做成行车舒适、景观亮化、环境优美、山水自然、和谐统一的整体,把高速公路建成生态路、环保路、科技路,达到"车在景中走,人在画中游"的最高境界。

(3) 以沿线路域复合生态系统为对象

生态高速公路的规划和建设范围,不仅是道路红线范围,而应当以沿线路域复合生态系统为对象,综合规划和建设区域内的工程、自然、社会、景观、人文等多方面内容。因此,生态高速公路的设计不仅是红线范围的工程和绿化景观设计,还包括区域综合生态景观格局的设计、重点景观节点的设计、景观廊道的设计以及景观风貌的设计等。

(4) 对区域本底自然、生物和人文过程的关注

高速公路的设计和选线应注重分析沿线区域内自然、生物和人文生态过程,结合生态敏感度评价等级模型从区域生态保护、生态环境、景观视觉控制、人文感知以及生态安全等各个方面分析区域内的不同等级、不同类型的敏感区域,辨识区域内重要的景观节点,构建区域景观生态安全格局,为生态高速公路的设计和建设提供生态依据。

（5）绿化景观的生态设计理念

随着公路密度不断加大，交通流量明显增多，公路交通污染日益加重，严重影响两侧居民的生活环境质量和身体健康。因而公路绿化的规划、设计和建设中，在保证设计满足高速公路交通分道行驶、防眩、诱导视线和景观等多种功能的前提下，应力求以生态化、地域化、森林化为主要的设计理念，一方面要注重行者在快速条件下的景观感知，另一方面要维护自然生态系统的平衡，充分发挥其生态功能。

（6）高新信息技术和生态工程的广泛应用

生态高速公路的建设必须以多领域的高新技术为支撑，如在设计环节结合地理信息系统（GIS）空间分析和叠罩分析，在施工和运营过程中应用边坡和取土场的生态恢复工程技术、路面径流处理技术、人工湿地以及近自然生态群落构建等手段和技术。

（7）设计、施工、养护、管理的全程生态建设思路

建设生态高速公路是在可持续发展的指导思想下，在生态工程目标下进行高速公路建设。可持续发展思想的着眼点在于发展，而发展的可持续性取决于环境和资源的可持续性。生态工程的目标是在促进自然界良性循环的前提下，充分发挥资源的生产能力，防止环境污染，达到经济效益与生态效益同步发展。因此，生态高速公路的建设贯穿于整个项目的规划、设计、施工和运营等每个阶段。

生态公路建设是在公路建设的历史过程中，随着经济迅速发展和生态环境问题日益突出，人们对高速公路建设提出的更高的要求。高速公路要达到通行与景观的统一、开发与保护的协调，建设成景观路和生态路。同时，生态公路建设的理念也是在理论界、学术界对生态工程、生态规划的认识逐步加深的过程中必然产生的。

（三）智慧高速公路

1）智慧高速公路的概念

智慧高速公路即利用互联网＋、大数据、云技术、物联网、移动网络等新一代技术和人工智能技术，实现透彻全面、实时准确的智慧感知；稳定高效、安全可靠的智能传输；协同共享、强大的智慧管理；跨界融合、及时精准的智慧服务；准确无感、快速便捷的智能收费。智慧高速公路追求的是路网运行更加安全畅通、公众出行更加便捷愉快、交通管理更高效智能、智慧道路更绿色经济。

目前国内智慧高速公路的发展迅速，其中一部分原因是政府的大力支持以及交通行业的迫切需要。2014年至今，交通运输部陆续发出文件来鼓励、推动智慧高速公路的发展。现阶段各省区市都在进行智慧高速公路建设：浙江省在全国率先启动探索智慧高速公路建设，到2014年基本完成，总投资约4亿元。同年，云南省启动智慧高速公路建设，到2017年，已完成二期投资，三期正在进行，总投资约4亿元。2014年，湖南启动高速公路信息化建设，已完成一期，投资3亿元。但智慧高速公路的建设总体处于初级阶段，先行省份虽然取得了一定的成

绩,但在运营管理方面仍缺乏一定的经验。

智慧高速公路的发展需要依靠完善的理论知识,如系统工程学、社会学等,同时,互联网 +、物联网、大数据、云计算、人工智能、深度学习等新技术新理念的应用,给智慧高速公路的发展带来了很大的推动力,并且在智能传输、智能服务、智能收费、应急处理等领域取得了重大的突破。

2)智慧高速公路的特征

智慧高速公路至少应具备以下 4 个方面的特征:

(1)智慧设施

包括公路、桥梁、隧道、交通工程及附属设施等在内的基础设施具备多维感知能力,能够实现彼此间的信息互联互通和自动控制,并与载运工具、交通参与者实现协同联动,能够主动检测路网运行异常,及时上报道路拥堵、设备故障,为公路交通安全和高效通行提供数据支撑。

(2)智慧决策

实现新一代信息新技术与高速公路行业的深度融合,围绕公路交通安全、舒适、高效的通行能力以及日常运维管理的智能化,实现主动预测、自动处置、快速响应、品质服务,全面提升以人为本的智慧高速公路决策水平。

(3)智慧管控

具备基于路网运行的全面感知能力,实现人、车、路的一体化运行监测,第一时间发现公路通行异常,实现车路协同、区域路网协同管理等智能应用。

(4)智慧服务

通过人、车、路互联互通,及时联网发布跨区域交通信息及事故信息,提高高速公路信息服务水平和质量,包括动态路径导航、实时路况发布、个性化出行、交通分析等。

3)智慧高速公路的发展目标

智慧高速公路的发展目标与我国国情紧密结合。

近期阶段是到 2020 年,要掌控路网状态,加强路网管理(初步实现路网状态预测),实现信息服务,互联互通,综合管理平台,大数据初级分析,移动、可视化管理和应急,信息多元推送,高速专网。

中期阶段是到 2035 年,即交通强国第一阶段,要精准掌握路网、车、构造物状态,路网管理具备较高的智慧水平(较准预测、快速应急等),实现车路协同(车路通信),信息精准推送,网联化、协同化、定制化等方面达到世界先进水平,同时需要达到路网协同这一目标(高速网、普通路网、城市网)。

远期阶段是到 2050 年,即交通强国第二阶段,高速公路可能实现自动驾驶、车路协同、智慧管理。在前两个阶段,尤其是近期阶段,还是以人为主、以系统为辅的,经过一系列技术的发展,人与系统主导地位发生改变,变为以人为辅、以系统为主,这就是我们所说的智慧交通。

第二节　桥　梁

一、我国桥梁发展概况

我国人民在悠久历史中建造了大量桥梁,为交通出行发挥了重要作用,谱写了光辉的技术与文明篇章。至今已有 1400 多年历史的赵州桥(图 3-10)就是古代我国桥梁最杰出的代表。

图 3-10　赵州桥

近代我国的桥梁建设数量、技术和水平都落后于世界发达国家。1937 年建成的钱塘江大桥是第一座由我国工程师主持建设的近代大跨径桥梁。

中华人民共和国成立以后,特别是改革开放以来,从技术引进到自主建设,我国桥梁发展速度逐渐加快,在经历了学习与追赶、跟踪与提高两个发展阶段后,目前正处于全面创新与突破阶段。三个阶段中,我国桥梁技术呈现出不同的特征。

第一个阶段(1981—1990 年的学习与追赶阶段):大跨径梁桥建设起步,以容许应力设计、支架施工为主,但机械化水平较低。

第二个阶段(1991—2000 年的跟踪与提高阶段):特大桥建设起步,极限状态理论应用,施工机械化水平大幅提高。

第三个阶段(2001 年至今的全面创新与突破阶段):千米级缆索桥兴起,设计理论与国际接轨,工业化建造开始兴起。

二、我国桥梁发展成就

近十年来,在国家经济快速发展的推动下,我国桥梁以每年 3 万多座的速度激增;截至 2018 年底,我国公路桥梁数量达 85.15 万座,全国桥梁总数达 100 万座,建成了一大批世界级的重大桥梁,已成为世界第一桥梁大国。

世界上已建成跨度超400m的斜拉桥共有114座,我国占59座。世界主跨排名前十的斜拉桥我国占7座(表3-1),包括以苏通大桥为代表的一批大跨度斜拉桥。

大跨度斜拉桥世界前十名(截至2020年2月)   表3-1

排名	桥　　名	主跨(m)	所属国	建成年份
1	俄罗斯岛大桥	1104	俄罗斯	2012
2	沪通大桥	1092	中国	在建
3	苏通大桥	1088	中国	2008
4	昂船洲大桥	1018	中国	2009
5	武汉青山长江大桥	938	中国	在建
6	鄂东长江大桥	926	中国	2010
7	嘉鱼长江公路大桥	920	中国	在建
8	多多罗大桥	890	日本	1999
9	诺曼底大桥	856	法国	1995
10	池州长江大桥	828	中国	2019

世界上已建成跨度超400m的悬索桥共有110座,我国占34座。世界主跨排名前十的悬索桥我国占6座(表3-2),如西堠门大桥、润扬长江大桥等大跨度悬索桥。

大跨度悬索桥世界前十名(截至2020年2月)   表3-2

排名	桥　　名	主跨(m)	所属国	建成年份
1	明石海峡大桥	1991	日本	1998
2	六横大桥双屿门大桥	1756	中国	在建
3	杨泗港大桥	1700	中国	2019
4	虎门二桥坭洲航道桥	1688	中国	2019
5	深中通道伶仃洋大桥	1666	中国	在建
6	西堠门大桥	1650	中国	2009
7	大贝尔特海峡大桥	1624	丹麦	1998
8	伊兹米特大桥	1550	土耳其	2016
9	光阳大桥	1545	韩国	2012
10	润扬长江大桥	1490	中国	2005

世界上已建成主跨大于200m的预应力混凝土梁桥有64座,我国占38座。世界主跨排名前十的梁桥我国占6座,如石板坡大桥复线桥、北盘江大桥等大跨度梁桥。

世界主跨排名前十的拱桥见表3-3。

大跨度拱桥世界前十名(截至2018年6月)   表3-3

排名	桥　　名	主跨(m)	所属国	建成年份
1	重庆朝天门长江大桥	552	中国	2009
2	上海卢浦大桥	550	中国	2003
3	秭归长江大桥	531	中国	2019
4	合江长江一桥	530	中国	2013
5	香溪长江大桥	519	中国	在建
6	新河峡大桥	518	美国	1977

续上表

排名	桥 名	主跨(m)	所属国	建成年份
7	巴约纳大桥	504	美国	1931
8	悉尼港湾大桥	503	澳大利亚	1932
9	重庆巫山长江大桥	492	中国	2005
10	官塘大桥	457	中国	2018

此外,随着我国桥梁建设由内陆逐步走向外海,近十多年以来,我国成为跨海大桥建设的焦点;世界总长排名前十的跨海大桥中,我国占7座(表3-4),建成了杭州湾大桥、东海大桥等一批代表性工程。除了在国内建设了众多大桥外,我国桥梁工程师和我国桥梁建造企业还积极走出国门,负责设计建造了多座其他国家的桥梁,如塞尔维亚泽蒙—博尔察大桥、马来西亚槟城二桥、马尔代夫跨海大桥、巴拿马运河三桥等,我国桥梁正在走向海外。(数据来源:搜狐网、央广网、交通运输部数据报告)

跨海大桥总长世界前十名(截至2020年2月)　　　　表3-4

排名	桥 名	总长(km)	所属国	建成年份
1	港珠澳大桥	55	中国	2018
2	青岛胶州湾大桥	41.58	中国	2011
3	杭州湾大桥	36	中国	2008
4	东海大桥	32.5	中国	2005
5	大连湾跨海工程	27	中国	在建
6	法赫德国王大桥	25	巴林	1986
7	舟山大陆连岛工程	25	中国	2009
8	深中通道工程	24	中国	在建
9	切萨皮克大桥	19.7	美国	1964
10	大贝尔特海峡大桥	17.5	丹麦	1997

三、我国桥梁发展的关键技术

近十年来,我国桥梁发展迅速,其关键技术主要体现在材料、勘察设计、施工建造和养护管理4个方面。

(一)材料技术

我国在混凝土、钢材、缆索材料、复合材料及智能材料方面均实现了国产化,部分材料性能达到了国际先进水平。

在混凝土方面,C50、C60等级混凝土得到广泛应用,C80以上高强混凝土在局部部位开始使用,纤维混凝土、轻质混凝土等也得到了研究与应用。同时,近年来越来越重视通过提高混凝土材料性能来改善结构性能;高强混凝土发展到了超高性能混凝土阶段,并具有更高的强度、耐久性、可施工性和韧性。

在钢材方面,目前,我国已经开始应用屈服强度在 500～700MPa 之间的高强度桥梁用钢,最大钢板厚度也达到了 100mm,环氧涂层钢筋、不锈钢钢筋及高性能耐候钢等也逐步得到应用。

在缆索材料方面,1770MPa 钢丝、1860MPa 钢绞线已实现国产化并在工程中应用,2000MPa 钢丝也已研发成功并开展应用。

在复合材料方面,纤维增强复合材料(FRP)等复合材料在桥梁修复、加固等方面得到了应用,在缆索方面的应用研究也已开展。在智能材料方面,记忆合金、压电材料、光导纤维、智能自修复混凝土等新型材料在桥梁监测检测和加固改造工程中已逐步开展研究和应用。

(二)勘察设计技术

在勘察方面,地质解译、影像处理、无人机拍照抽模技术等现代空间信息技术得到广泛应用,大幅提升了我国桥梁勘察的信息化水平。

在设计方面,桥梁设计理论与方法不断得到提升和完善,性能设计、全寿命设计、风险评估决策等方法得到应用。我国已经掌握了各类桥型的设计技术,结构体系与关键结构不断创新和发展,形成了以梁桥、拱桥、斜拉桥和悬索桥四大桥型为主体,融合创新的现代桥型与结构体系。同时,塔、梁、索、拱肋、基础等关键结构形式也在不断创新。

防灾减灾理论方法、实验及控制技术体系初步形成,由单一灾害向多灾害方向发展。逐步提升了抗风、抗震、抗撞的理论研究与控制技术体系,发明创新了纳米阻尼器、三向减震支座、防船撞装置等系列防灾减灾设备设施,并开发了多灾害分析软件。

此外,近几年来建筑信息模型(BIM)技术快速得到开发应用,已经实现了碰撞检查、建模分析一体化和图纸输出。BIM + 虚拟现实(VR)技术也实现了工程应用,便于进行方案优化选择。

(三)施工建造技术

我国已经掌握了不同建设条件下各类桥型的施工与控制技术,山区斜拉桥、山区悬索桥、山区拱桥、山区梁桥、水域斜拉桥、水域悬索桥、水域拱桥、水域梁桥等关键技术得到攻克、发展,并建成了一批有代表性的桥梁。

以混凝土梁段自动化预制技术、钢箱梁板件单元全自动制造施工等技术为代表,我国桥梁建造的工业化技术快速发展,自动化水平不断提升。混凝土梁和钢箱梁均实现了自动化制造,大大提高了生产效率和质量稳定性。在构件安装方面,从上部结构到下部结构均实现了大型化的预制安装。在旧桥改造中,研发了大节段快速修复更换桥梁技术,最大限度地减少了对繁忙交通的干扰。北京三元桥在 43h 内完成了改造,是我国桥梁旧桥改造快速修复更换的典型代表。

主要施工装备基本实现国产化,自动化水平和装备能力显著提升。施工装备序列不断完善,为外海、复杂山区桥梁建设奠定了基础。

(四)养护管理技术

近十年来,我国桥梁养护管理技术进步明显,形成了以预防性养护为主、以纠正性养护为辅的两级养护理念。桥梁结构安全监测技术不断发展,已在数百座桥梁上建立了结构安全监测系统。检测设备逐步专业化、智能化,检测技术实现了从有损到无损的发展。防护技术实现了"从被动到主动"的转变,加固手段日趋多样。初步建立了基于信息化的桥梁资产管理养护决策支持系统,以及基于互联网的桥梁群远程监控和评估分析系统。

四、我国桥梁发展趋势

根据我国道路交通规划,桥梁建设的需求仍然旺盛,从沿海联通、内陆延伸到走向外海、走进山区,建设条件更复杂,建设难度更大,这亟须我们突破建设技术。同时,我国已建成的桥梁总数已达 100 万座,随着时间的推移,养护需求越来越大,桥梁养护技术也亟须突破。如何实现"智能建造""有效管养""长效服役"是我国桥梁未来发展面临的三大挑战。

传统桥梁工程与现代信息和智能技术的结合将会推动"第三代桥梁工程"的发展。发展"第三代桥梁"的核心是"智能桥梁"。它包含 3 个基本要素,即建养技术、信息技术和智能技术;并且具有三个基本特征,即工业化、信息化和智能化。

智能桥梁的发展需要技术、平台、机制 3 个方面的支撑。为此,以智能桥梁为主题的"中国桥梁 2025"科技计划已经提出,计划覆盖了桥梁建养全产业链,包括 3 个项目群,初步布局了约 30 个项目;目前已经建立了一个配有多个实验室和先进试验设备的国家级桥梁建养科技创新平台——桥梁国家工程研究中心。同时,计划还考虑基于共享理念,通过整合创新资源,组建我国桥梁产业技术创新战略联盟,以支撑智能桥梁科技计划的实施。计划通过 3 个阶段来推动"智能桥梁"科技计划,显著提升桥梁的工业化、信息化和智能化水平。

第三节 隧 道

我国古人早在汉代就开凿了世界上第一条人工隧道——石门隧道。现如今,我国在隧道建设方面已经取得了举世瞩目的成就,并成为世界上隧道最多、建设规模最大、发展速度最快的国家。

一、我国隧道发展概况

(一)铁路隧道

隧道工程在我国最早主要用于煤炭业和采矿业,后来逐步延伸到交通领域,特别是在铁路方面进展得较早、较快,从而带动了诸如地下广场、地下通道、地铁等地下工程的发展。在我国,铁路隧道建设已有 120 多年历史,中华人民共和国成立前主要出现在帝国主义国家修建的一些铁路上,最早的是 1888 年台湾岛内的狮球岭隧道。第一座由中国人自行设计施工的隧道是 1907 年开始修建的八达岭隧道,全长 1091.2m,由我国著名铁路工程师詹天佑主持修建。

近年来,随着我国综合国力的增强以及施工技术的不断进步,我国单个铁路隧道的长度有增加的趋势,截至 2019 年底,我国最长的铁路隧道长达 38.813km。同时,我国铁路隧道总数以及总长度的排名已成为世界第一,预计到 2020 年底,我国投入运营的铁路隧道总量将达到 17000 座,总长度将突破 20000km。

(二)公路隧道

在中华人民共和国成立之际,我国公路隧道仅有 30 多座,长度也只有 2.5km,可以说我国的公路隧道建设是在几乎空白的基础上得到发展的。十一届三中全会以后,公路交通建设变得更为迫切,1985 年我国公路总里程历史性地突破了百万公里,但交通功能亟待改善。随着高速公路进入国人视野,隧道工程建设进入前所未有的高峰期。至 1990 年底,我国已建成十余座千米级隧道,福建鼓山隧道成为我国第一座现代化公路隧道。之后,各种各样的具有现代化水平的公路隧道不断涌现。进入 21 世纪以来,随着国民经济的高速发展,特别是在"7918"国家高速公路网规划和西部大开发的历史机遇下,公路隧道建设进入了一个高速发展的时期,截至 2018 年底,我国公路隧道多达 17738 处、长达 17236.1km,其中最长的秦岭终南山隧道长达 18.02km。近年来,公路隧道每年的净增长量在 1000km 以上。目前,我国已是世界上公路隧道最多、发展最快的国家。

(三)地铁隧道

我国内地第一条地铁于 1965 年正式破土动工,但由于技术限制以及复杂的社会情况,20世纪 60 年代末到 70 年代的十几年中,地铁建设未能持续发展。80 年代到 90 年代末,我国开始了改革开放的进程,地铁的建设也从服务于战备转化为服务于经济的发展,上海、广州、天津地铁相继动工,全国十多所小城市兴建地铁或轻轨,掀起了轨道交通建设的小高潮。但由于建设项目多且造价高,建设标准盲目,国务院暂停了地铁项目的审批。从 1998 年开始,国家政策逐步激励大中城市发展地铁交通,众多城市又重新申报地铁项目,地铁隧道的建设也随之全面展开。

二、我国隧道发展的关键技术

(一)超前地质预报

超前地质预报是隧道施工中必不可少的环节,对隧道信息化施工、灾害防治和安全保障具有重要作用。我国从20世纪70年代开始注重隧道施工过程中超前地质探测理论、技术研究及工程实践工作。超前导洞、超前钻探方法最先被用来勘探掌子面前方的地质情况,由于其经济和时间成本都很高,人们逐步研发了无损地球物理超前探测技术,包括地震发射类、电磁类、直流电法类等,并大量应用于工程实践。本质上讲,隧道施工期超前地质预报技术是传统地球物理勘探技术的创新,人们致力于优选可用的超前探测地球物理方法,探索有效的洞内观测模式,研究专用的反演理论与解译方法,开发相关探测仪器和装备,开展了大量的现场实践与工程服务。

(二)施工方法

隧道施工方法主要有钻爆法和隧道掘进机(TBM)方法,两种施工方法的探测环境有很大不同。相对于钻爆法,TBM施工隧道的环境更复杂,由于庞大的机械装置几乎可以占据掌子面后方几十米内的全部空间,且金属机械结构对电磁波场干扰很大,导致一些在钻爆法施工隧道中可用、有效的超前地质预报技术根本无法适用于TBM施工隧道环境。总体来讲,目前钻爆法施工隧道超前地质预报技术取得了较显著的进展,而TBM施工隧道的超前地质预报技术是一直以来备受关注却未能得到很好解决的世界公认难题。

三、我国隧道发展趋势

近几年,我国在特长山岭隧道建设技术、软岩大变形控制技术、高瓦斯隧道建设技术、大断面盾构施工技术、地铁重叠隧道技术、TBM施工技术等方面取得了进一步的突破,隧道及地下工程修建技术整体处于国际先进水平。国家新型城镇化建设、新一轮西部大开发、"一带一路"、海绵城市、城市地下综合管廊、城市轨道交通、京津冀协同发展、长江经济带、珠三角经济区等战略规划,为我国隧道及地下工程领域技术发展带来了前所未有的契机。各个领域对隧道以及地下工程有重大需求,其中包括西部交通建设对隧道的需求、调水工程对隧道的需求、越江跨海交通工程对隧道的需求、战略能源储备对地下工程的需求、城市轨道交通发展需求、城市地下综合管廊发展需求、城市排水排污和海绵城市对深隧建设的要求。基于这些研究方向,超长山岭隧道建设技术、高水压大断面水下隧道建设技术、高地温高地热隧道建设技术、复杂环境下城市隧道建设技术、构造活跃带隧道建设技术等关键课题需要进行深入研究。

第四节 城市轨道交通

一、我国城市轨道交通发展概况

在国内,城市轨道交通中的很多类型还没有绝对明确的规范定义。"地铁"和"轻轨"的名称本身就不严谨,因为"地铁"早已不特指地下铁路,"轻轨"也不特指轻型轨道,两个概念在民间和学术界一直存在很大争议。

我国内地建成的第一条地铁是于 1971 年通车的北京地铁 1 号线。1984 年,天津市建成了内地第二条地铁。这两条早期地铁线路使用了国产的长春轨道客车 DK1、DK2 型列车,其车宽 2.8m、每车厢 4 对车门等技术指标日后成为 B 型车辆的标准。

改革开放后,我国大城市的道路交通问题逐渐凸显,上海、广州等大城市纷纷上马地铁计划。上海市和广州市分别在 1993 年和 1997 年开通了第一条地铁线路。在我国早期的地铁建设中,各城市都积极地引进、吸收了发达国家的先进技术。上海和广州地铁在早期建设中大量引进了西方技术,尤其是引进了车宽 3.0m、每节车厢设 5 对车门的德国进口列车。该型列车的多项指标随后被大量线路和其他城市的地铁系统沿用,并最终成为现在 A 型车辆的标准。我国的地铁系统还从站点设计、管理运营等方面大量借鉴了发达国家的经验。师承香港地铁的广州地铁拥有先进的运营水平:公园前站是我国内地首个采用西班牙式月台的车站,广州地铁 2 号线是我国首条设置站台屏蔽门的线路,广州地铁的车站、车厢标识是国内地铁的一大典范。

进入 21 世纪后,我国的地铁事业发展迎来了一段井喷期。深圳、武汉、南京、重庆等地的地铁系统纷纷建成投入运营,我国的地铁线网总长度飞速增长。在这一阶段,中国中车等车辆生产厂家和以中国铁建为代表的地铁建设企业的技术水平也在快速进步,越来越多的地铁线路上开始行驶安全、可靠的国产地铁列车。除此之外,中国中车公司的地铁列车还远销海外,服务于里约热内卢、波士顿等 6 个大洲的多座城市。

截至 2019 年底,我国内地 41 个城市共计开通了 208 条城市轨道交通线路,运营里程达到 6730.27km,位居世界第一。

二、我国城市轨道交通之最

(一)内地建设最早的地铁

北京地铁 1 号线始建于 1965 年 7 月 1 日,1969 年 10 月 1 日开始试运营,但没有对公众开放,因为其建设初衷并不是为了民用,而是为了军事防备、防空。而后,随着世界局势稳定和我国经济快速发展,北京地铁 1 号线才对外开放,1971 年 1 月 15 日开始载客试运营,运营区段为公主坟站至北京站,共 10 座车站,全长 10.7km。到了 1973 年 4 月 23 日,地铁 1 号线一期工程完成,运营区段延长到苹果园站,车站增至 17 个,运营路线延长为 23.6km。到 1981 年,北京地铁 1 号线年客运量为 6466 万人次,日均客运量为 17.7 万人次,开始正式运营。它是我国内地第一条地铁线路,也是第一条民用地铁线路,如图 3-11 所示。

(二)运营里程最长的线路

上海地铁 11 号线是我国上海第 10 条建成运营的地铁线路,途经上海市浦东新区、徐汇区、长宁区、普陀区、嘉定区和江苏昆山,如图 3-12 所示。截至 2019 年,上海地铁 11 号线共设 38 座车站,其中 14 座高架站、1 座地面车站、23 座地下车站,总长约 82.4km,超过英国伦敦地铁中央线,是世界上最长的地铁线路(不包括日本等发达国家的"通勤铁路"),也是我国第一条跨省地铁线路,它让昆山市无缝对接并融入了上海都市圈,拉近了江苏、上海两地之间的空间距离,有效促进了长三角一体化发展。

图 3-11　北京地铁 1 号线(早期)

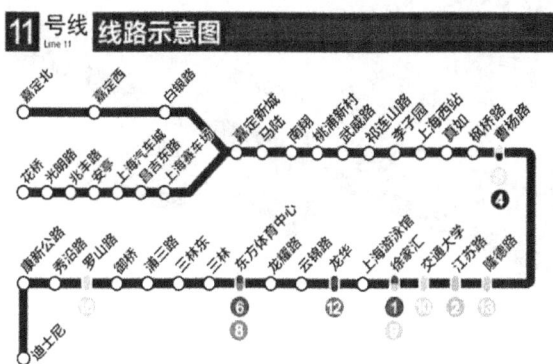

图 3-12　上海地铁 11 号线线路示意图

（三）最繁忙的地铁站

2019 年"五一"四天假期里,广州体育西路站的客运量达 230.08 万人次,客运量在全国所有地铁站中位列第一。由于其客运量常年位居第一,因此"体育西路站"也就有了"地狱西路站"之称,可见其客流量之大、高峰期之拥挤。体育西路站是广州地铁 1 号线及广州地铁 3 号线的换乘车站,也是广州地铁 3 号线北延段的起讫站,位于天河区体育西路和天河南一路交界的十字路口地下。由于该站连接了重要的交通站点、高校、商业圈、CBD 和游览景点,加上是一座换乘车站,每日客流量非常大,尤其在上下班的高峰时间,更是挤得水泄不通,是广州地铁最繁忙的车站,由此亦有人称其为广州的"金钟站"。

(四)最大的地铁站

"中华第一商圈"新街口位于南京市中心区域,其核心区面积不到 $0.3km^2$ 的范围内集中进驻了百家世界五百强分支机构、近 700 家商店、30 家 1 万 m^2 以上的大中型商业企业,1600余户大小商家星罗棋布。这样的一个商圈带来的客流量是巨大的,地铁站自然也是非常大的。新街口站是南京地铁 1 号线和南京地铁 2 号线的换乘站,位于汉中路、新街口十字路口和中山东路地下,东西向横跨中山南路。整个新街口站共有 24 个出入口,占地 7.6 万 m^2,耗资 3.5 亿元建设,共有三层。负三层是 1 号线站台,负二层是 1 号线站厅和 2 号线站台,负一层是 2 号线站厅层和一些商铺。它是我国最大的地铁站,也是亚洲最大的地铁站,如图 3-13 所示。

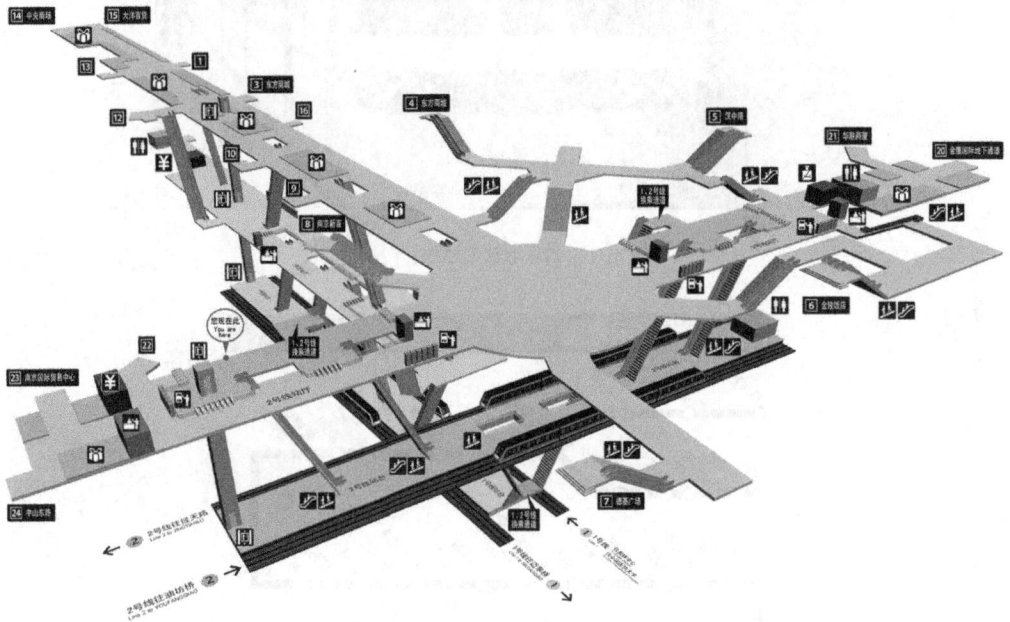

图 3-13　新街口地铁站

三、我国城市轨道交通发展趋势

随着社会经济的发展以及城镇化进程的不断加快,城市市区规模越来越大,对于近、远距离交通的需求量大大提高,城市轨道交通需求也在不断增大,北京、上海轨道交通客运总量已经占据所在城市公共交通客运量的 50%。城市轨道交通的范围不仅是单个城市,而是向城市周边卫星城镇,抑或是邻近城市延伸,这为城市轨道交通的发展注入了新的活力。与此同时,城市轨道交通的发展不单单以发展地铁为主,不同类型的轨道交通也进入了并行发展的时期,呈现多元化的形式,推动了城市轨道交通与城市环境的协调发展。在一些经济特别发达的区域,如长三角、珠三角、京津冀经济区,城市轨道交通已经逐步向城际轨道交通发展,上海地铁

11 号线就是其中一例。

目前,我国已经采用了世界上所有轨道交通的技术制式,包括地铁(含高架和地面线路,高峰小时单向客运量达 3 万人次以上)、轻轨(客流量在 1 万～3 万人次)、跨座式单轨线路(重庆轨道交通 2 号线)、线性电机线路(广州 4、5、6 号线路)、自动旅客捷运系统(APM)(上海轨道交通浦江线)、现代有轨电车(苏州高新区有轨电车)以及市域快速轨道系统(上海金山铁路)等。

早期我国对各地城市轨道交通建设计划审批较为宽松,个别城市制定了与当地发展水平和出行需求不相适应的城市轨道交通发展规划,盲目上马了一批工程,对地方政府财政造成了较大的压力。2018 年,《国务院办公厅关于进一步加强城市轨道交通规划建设管理的意见》发布,明确规定了对申报地铁、轻轨建设计划的城市在经济总量、政府负债率等方面的要求。未来,我国各个城市需要据其地理条件、经济条件以及其他影响因素,灵活选用各种技术制式,满足交通需求。

从我国城市轨道交通布局来看,城市轨道交通发展极其不均衡,北上广深的城市轨道交通里程几乎占据全国通车总里程的 50%。在城市轨道交通的未来发展中,二、三线城市的城市轨道交通建设速度将加快,会有越来越多的经济发达的二线城市加入"地铁俱乐部",三线城市和一、二线城市卫星城区也需要灵活地选择轻轨、APM、现代有轨电车等其他大中运量城市轨道交通形式为市民提供服务。此外,随着城市圈发展理念的推广,大站距、高旅速的市域轨道交通也将进入一个快速发展期。铁路总公司和地方政府密切配合,利用铁路剩余运能开行通勤列车已经在北京、上海等大城市开展了广泛的实践。不同方式相辅相成,不同地域同步发展,我国城市轨道交通事业将会愈发完善、愈发高效、愈发经济、愈发合理。

第四章

道路交通项目基本建设程序

第一节 概 述

建设程序是指建设项目从设想、选择、评估、决策、设计、施工到竣工验收、投入生产整个建设过程中,各项工作必须遵循的先后次序的法则。按照建设项目发展的内在联系和发展过程,建设程序分成若干阶段,这些发展阶段有严格的先后次序,不能任意颠倒和违反它的发展规律。

在我国,按现行规定,基本建设项目从建设前期工作到建设、投产,一般要经历以下几个阶段的工作程序:

(1)根据国民经济和社会发展长远规划,结合行业和地区发展规划的要求,提出项目建议书。

(2)在勘察、试验、调查研究及详细技术经济论证的基础上编制可行性研究报告。

(3)根据项目的咨询评估情况,对建设项目进行决策。

(4)根据可行性研究报告编制设计文件。

(5)初步设计经批准后,做好施工前的各项准备工作。

(6)组织施工,并根据工程进度,做好生产准备。

(7)项目按批准的设计内容建成并经竣工验收合格后正式投产,交付生产使用。

(8)生产运营一段时间后(一般为两年),进行项目后评价。

以上程序可由项目审批主管部门视项目建设条件、投资规模作适当合并。

目前,我国道路交通项目基本建设程序主要可分为前期工作阶段、建设实施阶段、竣工验收阶段、运营管理阶段以及后评价阶段。

第二节　前　期　工　作

一、项目建议书

项目建议书是要求建设某一具体项目的建议文件,是基本建设程序中最初阶段的工作,是投资决策前对拟建项目的轮廓设想。项目建议书的主要作用是为推荐一个拟建设项目而做初步说明,论述它建设的必要性、条件的可行性和获得的可能性,供基本建设管理部门选择并确定是否进行下一步工作。

项目建议书报经有审批权限的部门批准后,可以进行可行性研究工作,但并不表明项目非上不可,项目建议书不是项目的最终决策。

项目建议书的审批程序:项目建议书首先由项目建设单位通过其主管部门报行业归属主管部门和当地发展计划部门,由行业归属主管部门提出项目审查意见(着重从资金来源、建设布局、资源合理利用、经济合理性、技术可行性等方面进行初审),发展计划部门参考行业归属主管部门的意见,并根据国家规定的分级审批权限负责审、报批。凡行业归属主管部门初审未通过的项目,发展计划部门不予审、报批。

需要说明的是,近十几年来,很多地方没有项目建议这个阶段,只需要进行系统的规划,然后按照规划进行设计和建设。

二、可行性研究

项目建议书一经批准,即可着手进行可行性研究。可行性研究是指在项目决策前,通过调查、研究、分析项目有关的工程、技术、经济等各方面条件和情况,对各种可能的建设方案和技术方案进行比较论证,并对项目建成后的经济效益进行预测和评价的一种科学分析方法,由此考查项目技术上的先进性和适用性、经济上的盈利性和合理性、建设的可能性和可行性。可行性研究是项目前期工作的最重要的内容,它从项目建设和生产经营的全过程考察分析项目的可行性,其目的是回答项目是否有必要建设,是否可能建设和如何进行建设的问题,其结论为投资者的最终决策提供直接的依据。

可行性研究报告是确定建设项目、编制设计文件和项目最终决策的重要依据。要求必须有相当的深度和准确性。承担可行性研究工作的单位必须是经过资格审定的规划、设计和工程咨询单位,要有承担相应项目的资质。

可行性研究报告经评估后按项目审批权限由各级审批部门进行审批。其中大中型和限额以上项目的可行性研究报告要逐级报送国家发改委审批,同时要委托有资格的工程咨询公司进行评估。小型项目和限额以下项目,一般由省级发展计划部门、行业归属管理部门审批。受省级发展计划部门、行业主管部门的授权或委托,地区发展计划部门可以对授权或委托权限内的项目进行审批。可行性研究报告批准后即国家同意该项目进行建设,一般先列入预备项目计划。列入预备项目计划并不等于列入年度计划,何时列入年度计划,要根据其前期工作进展情况、国家宏观经济政策并对财力、物力等因素进行综合平衡后决定。

三、设计工作

对于一般建设项目(包括工业、民用建筑,城市基础设施,水利工程,道路工程等),设计过程划分为初步设计和施工图设计两个阶段。对于技术复杂而又缺乏经验的项目,可根据不同行业的特点和需要,增加技术设计阶段。

初步设计的内容依项目的类型不同而有所变化,一般来说,它是项目的宏观设计,即项目的总体设计和布局设计,主要的工艺流程、设备的选型和安装设计,土建工程量及费用的估算等。初步设计文件应当满足编制施工招标文件、主要设备材料订货和编制施工图设计文件的需要,是下一阶段施工图设计的基础。

初步设计(包括项目概算)的审批流程是根据审批权限,先由发展计划部门委托投资项目评审中心组织专家审查通过后,再按照项目实际情况,由发展计划部门或会同其他有关行业主管部门审批。

施工图设计的主要内容是根据批准的初步设计,绘制出正确、完整和尽可能详细的建筑、安装图纸。施工图设计完成后,必须委托施工图设计审查单位审查并加盖审查专用章后才能使用。审查单位必须是取得审查资格且具有审查权限要求的设计咨询单位。经审查的施工图设计还必须经有权审批的部门进行审批。

第三节 建设实施

一、施工准备

建设开工前的主要准备内容包括征地、拆迁和场地平整;完成施工用水、电、路等工程;组织设备、材料订货;准备必要的施工图纸;组织招标投标(包括监理、施工、设备采购、设备安装等方面的招标投标)并择优选择施工单位,签订施工合同。

建设单位在工程建设项目可行性研究报告批准,建设资金已落实,各项准备工作就绪后,应向当地建设行政主管部门或项目主管部门及其授权机构申请项目开工审批。

二、建设施工

开工许可审批之后即进入项目建设施工阶段。按统计部门规定,开工之日是指建设项目设计文件中规定的任何一项永久性工程(无论生产性或非生产性)第一次正式破土开槽开始施工的日期。公路、水库等需要进行大量土、石方工程的,以开始进行土方、石方工程作为正式开工日期。

国家基本建设计划使用的投资额指标,是以货币形式表现的基本建设工作,是反映一定时期内基本建设规模的综合性指标。年度基本建设投资额是建设项目当年实际完成的工作量,包括用当年资金完成的工作量和动用库存的材料、设备等内部资源完成的工作量,而财务拨款是当年基本建设项目的实际货币支出。投资额是以构成工程实体为准,财务拨款是以资金拨付为准。

生产准备是生产性施工项目投产前所要进行的一项重要工作。它是基本建设程序中的重要环节,是衔接基本建设和生产的桥梁,是项目从建设阶段转入生产经营的必要条件。使用准备是非生产性施工项目正式投入运营使用所要进行的工作。

第四节 竣 工 验 收

一、竣工验收的范围

根据国家规定,所有建设项目按照上级批准的设计文件所规定的内容和施工图纸的要求全部建成;工业项目经负荷试运转和试生产考核能够生产合格产品;非工业项目符合设计要求,能够正常使用,都要及时组织验收。

二、竣工验收的依据

按国家现行规定,竣工验收依据的是经过上级审批机关批准的可行性研究报告、初步设计或扩大初步设计(技术设计)、施工图纸和说明、设备技术说明书、招标投标文件和工程承包合同、施工过程中的设计修改签证、现行的施工技术验收标准及规范以及主管部门有关审批、修改、调整文件等。

三、竣工验收的准备

竣工验收主要有三方面的工作：一是整理技术资料。各有关单位(包括设计单位和施工单位)应将技术资料进行系统整理，由建设单位分类立卷，交生产单位或使用单位统一保管。技术资料主要包括土建方面、安装方面及各种有关的文件，合同和试生产的情况报告等。二是绘制竣工图纸。竣工图必须准确、完整、符合归档要求。三是编制竣工决算。建设单位必须及时清理所有财产、物资和未花完或应收回的资金，编制工程竣工决算，分析预(概)算执行情况，考核投资效益，报规定的财政部门审查。

竣工验收必须提供资料文件。一般非生产项目的验收要提供以下资料文件：项目的审批文件、竣工验收申请报告、工程决算报告、工程质量检查报告、工程质量评估报告、工程质量监督报告、工程竣工财务决算批复、工程竣工审计报告、其他需要提供的资料。

四、竣工验收的程序和组织

按国家现行规定，建设项目的验收根据项目的规模大小和复杂程度可分为初步验收和竣工验收两个阶段进行。规模较大、较复杂的建设项目应先进行初验，然后进行全部建设项目的竣工验收。规模较小、较简单的项目，可以一次进行全部项目的竣工验收。

建设项目全部完成，经过各单项工程的验收，符合设计要求，并具备竣工图表、竣工决算、工程总结等必要文件资料，由项目主管部门或建设单位向负责验收的单位提出竣工验收申请报告。竣工验收的组织要根据建设项目的重要性、规模大小和隶属关系而定。大中型和限额以上基本建设和技术改造项目，由国家发改委或由国家发改委委托项目主管部门、地方政府部门组织验收，小型项目和限额以下基本建设和技术改造项目由项目主管部门和地方政府部门组织验收。竣工验收要根据工程的规模大小和复杂程度组成验收委员会或验收组。验收委员会或验收组负责审查工程建设的各个环节，听取各有关单位的工作总结汇报，审阅工程档案并实地查验建筑工程和设备安装，并对工程设计、施工和设备质量等方面作出全面评价。不合格的工程不予验收；对遗留问题提出具体解决意见，限期落实完成。最后经验收委员会或验收组一致通过，形成验收鉴定意见书。验收鉴定意见书由验收会议的组织单位印发各有关单位执行。

第五节 运营管理

以高速公路工程建设项目的管理为例，其管理工作主要分为合同管理、进度管理、质量管理和费用管理4个组成部分。合同管理是整个高速公路工程建设项目管理的基础；进度管理、质量管理、费用管理则是整个高速公路工程建设项目管理的核心。

合同管理包括对合同基础信息、工程量清单、合同信息变更、费用索赔标准、迟付款利息标准、违约罚金标准、材料预付款、动员预付款等内容的管理。其中基础信息管理又包括项目名称、合同起止日期,建设单位、施工单位、监理单位等基本信息及合同规定的人员、材料、机械设备等信息。费用索赔标准、违约罚金标准、材料预付款、动员预付款则主要为费用管理提供标准信息。

进度管理包括工程建设项目进度计划安排管理和工程项目实际完成进度管理两部分,是整个工程项目得以按期、按计划完成的保证。

质量管理包括合同段单元层次划分、质量控制及质量评定等内容,是整个工程项目质量得以保证的关键,也是工程费用管理的一个重要参考因素。其中单元层次划分是建设项目质量管理的前提和基础,只有对整个合同段进行项目单元层次划分,质量控制及质量评定工作才能得以顺利进行。质量控制则主要依据对合同段检测项目信息进行跟踪,来监控工程建设项目的质量。

费用管理包括工程量清单费用管理、工程量变更费用管理、单价变更费用管理、索赔费用管理、违约罚金费用管理、迟付款利息管理、材料预付款和动员预付款费用管理等内容。

第六节 后 评 价

建设项目后评价是工程项目竣工投产、生产运营一段时间后,再对项目的立项决策、设计施工、竣工投产、生产运营等全过程进行系统评价的一种技术经济活动。建设项目后评价可以达到肯定成绩,总结经验,研究问题,吸取教训,提出建议,改进工作,不断提高项目决策水平和投资效果的目的。

我国目前开展的建设项目后评价一般都按 3 个层次组织实施,即项目单位的自我评价、项目所在行业的评价和各级发展计划部门(或主要投资方)的评价。

项目后评价是整个项目管理的一种延伸,是项目周期中的一个不可缺少的重要环节。项目后评价是用项目的实际成果和效益来分析评价项目的决策、管理和实施,通过经验教训的总结,为决策者和投资者服务,为新项目的决策提供较为可靠的依据,并进一步完善可行性研究的有关理论和内容。同时,这种评价可为项目的实施反馈信息,以便及时调整建设计划,也可为建成项目进行诊断,提出完善项目的建议和方案。在项目后评价的基础上,决策部门还可以对国家、地区或行业的规划进行分析研究,为调整政策和修订规划提供依据。

第五章

当前道路交通热点问题

第一节 道 路

一、道路长期管养与改扩建

道路长期管养即对建成后的道路进行长期的管理、养护，这对延长道路的使用寿命、保障人民的行车安全和促进国家经济的平稳发展等意义重大，"三分建、七分养"充分说明了道路建设与道路管养之间的关系。而仅对建成的道路进行管理养护可能满足不了我国经济高速发展的需要，还需要分析未来交通的发展需求，有针对性地对某些道路进行改扩建，确保我国道路网的可持续发展。

（一）道路长期管养

道路在建成投入使用后，会受到行车荷载的作用以及风吹雨淋等自然力的侵蚀，这会使道路的使用性能变差。为了保证道路畅通、安全、舒适，保持其原设计目的和使用状况下的功能，必须以"预防为主、防治结合"的方针，采取适当的工程技术措施，进行长期的养护维修：一方面要坚持日常保养,对易损、易坏部分进行长期监测;另一方面应进行周期性、预防性的中型、大型修理,以提高道路的使用质量以及抗灾抗难的能力。

目前,道路管养工作中的问题主要有以下三点:

(1)缺乏明确的技术规范标准

我国道路网虽然较为完善,但相关养护技术标准的制定起步较晚,管理养护工作缺乏规范指导。各省区市道路管理养护的标准与技术规范各式各样,开展得也比较随意,难以起到真正的管理养护效果。

(2)缺少相应的法律法规及有效的管理制度

在道路管理养护方面,目前尚未有专门的法律法规。缺少相应的法律法规及有效的管理制度,考核指标往往采用"好路率",这就容易导致监管力度不严,对道路养护不力造成的事故责任追究不严,对养护资金投入、配套设施建设重视不够,无法满足道路的全方位养护需求。

(3)缺乏科学的管理养护决策

在对道路状况进行检测时,某些地方因缺乏先进的检测设备与手段,仍以主观决策、人工调查为主,得到的数据准确性和可靠性不高,难以支撑有针对性的管理养护决策,降低了道路的投资效益与服务水平,相关部门也无法制定合理的中长期养护计划,导致资金浪费或者不能被充分利用。

为此,人们提出了一种周期性养护总承包模式(HCMC模式),它是养护技术发展与新型管理模式的有机结合,是同步提升道路品质及运营效益的有效途径。在这种新型管理模式下,公路经营者可以摆脱繁杂的养护生产管理,在畅、洁、绿、美的前提下使道路保值增效,公路养护企业也不再简单依赖争取大规模工程取得经济回报,转而依靠发挥新技术优势精修细养,通过提高公路质量和运营效益合理收益。这种新型公路管理养护模式,实现了从简单决策的"量"向精修细养的"质"的根本转变。

(二)道路改扩建

经济要发展,交通需先行。随着经济的高速发展,我国对交通基础设施建设的投资日益增加,道路交通事业取得了长足发展。然而,随着机动车保有量及交通需求的不断增长,原有道路的规模和交通流状况已经无法满足不断上涨的需求,对原有道路进行改扩建、恢复其服务水平、提高其通行能力显得日益重要。

以广深高速公路为例,其规划于20世纪80年代,于1992年动工建设,1996年7月1日完成验收,正式开通运营。全长122.8km,设计路基宽度33.1m,双向六车道,单车道宽3.75m;中央分隔带宽1.5m,两侧土路肩各宽1.05m;沥青总厚度32cm,总用量603623.3m³;设计通行能力每日车流量8万辆次,饱和车流量14.4万辆次。然而,现有交通量已经远远超出当时的设计通行能力。

据2012年数据显示,广深高速公路的平均日车流量已达40万辆次;到了2015年,其日均车流量达 46 万辆次,国庆高峰期间更是达到了 60 万辆次。截至目前,其最高峰日车流量可达 70 万辆次,接近设计通行能力的 10 倍,交通需求远超通行能力,交通拥堵、交通流运行缓慢等现象频发。为解决此问题,采取改扩建方式将广深高速公路由双向六车道扩建为双向十二车道,路宽接近 60m,道路红线最远达到了道路中心线 100m 以外,改扩建工程预计将于 2026 年完成。广深高速公路及其改扩建后的效果图如图 5-1、图 5-2 所示。

图 5-1　广深高速公路实景

图 5-2　改扩建后的广深高速公路效果图

二、特殊条件下的道路建设

道路可起到加强区域之间联系、带动区域发展的作用,但道路的建设受到许多因素的影响,如地形起伏、地质条件、地震烈度、温差、地质灾害等,如何在一些特殊条件下高质量地完成道路建设,是道路从业者始终追求的目标之一。

回首我国的道路建设历程,修建难度高的道路大量集中于青藏高原地区。高原特殊环境下,气候变化剧烈、昼夜温差大、紫外线强、氧气含量低、地质十分复杂,使道路修建困难重重。以青藏高原为例,其平均海拔超过 4000m,氧气含量低,仅为平原地区的 50% ~ 70%,稀薄的大气导致昼夜温差大,冰雪与寒冻风化作用普遍,强烈的紫外线辐射严重影响施工人员的工作,也缩短了道路的使用寿命。地形复杂多样且地表起伏大,境内山脉纵横,沟壑相连,多为冰川覆盖,造成施工难度巨大。在青藏高原修建道路所面临的典型问题,最有代表性的就是多年冻土问题和生态保护问题。

多年冻土是指常年温度在 0℃ 以下,且含有冰的各种岩石和土,如图 5-3 所示。在我国的青藏高原地区,多年冻土占据了一半以上的面积。受气候变化影响,多年冻土会发生地表温度升高、面积缩减等变化,造成水分迁移,引发冻胀、融沉、翻浆等现象,对路基的稳定性造成影响,对工程建筑物的施工、运营造成不同程度的破坏。因此,在冻土地区修建道路,要对设计、施工、管养全过程进行特殊考虑。

青藏高原野生动植物资源、水资源和矿产资源丰富,不仅是南亚、东南亚地区的"江河源"和"生态源",还是我国乃至东半球气候的"启动器"和"调节区"。在这种特殊生态环境下建设道路,需要特别注意生态环境的保护,修筑环境友好型道路。

图 5-3 多年冻土示意图

修筑环境友好型道路时,要遵循保护优先的原则。在选线过程中避绕环境敏感目标、环境敏感点,采取有针对性的保护措施,减少对沿线天然植被的破坏。对于那些不得不破坏的地段,要采取有效措施进行恢复。还要留设野生动物通道,即在调查研究的基础上,在野生动物习惯通行的"兽道"上留设通道,并进行环境影响分析、评价,从环境保护的角度进行方案比选和提出替代方案,最大限度地减少生态环境影响。可可西里自然保护区的"兽道"如图 5-4 所示。

图 5-4 可可西里自然保护区的"兽道"

第二节 桥　　梁

一、大跨度桥梁建设

近年来,我国公路、铁路发展迅速。随着我国交通基础设施建设的重点转移向地形更加复杂的中西部地区,新时代的基础设施建设表现出以下特点:需要跨越的大江大河多,如长江、黄河、珠江等;需要兼顾航运需求,长江、珠江等重要航道的要求高;公路、铁路、城市轨道交通等多种交通方式都存在过江需求。为了保证交通运行的平稳性、安全性和旅客舒适性,我国近年建设了大量大跨度桥梁,并对桥梁结构、建造材料、建造施工技术等持续开展研究,形成了一系列关键技术成果,在跨度、承载能力等主要技术指标上,均已达到世界领先水平。

(一)多功能合建桥梁

我国东部地区经济繁荣、航运业发达,岸线、内河航道资源十分宝贵。将公路、铁路、市政道路和城市轨道交通合建在同一座桥梁上,可节约桥位资源,减少建桥对环境的影响。多功能合建桥梁主要有公铁两用桥和多条铁路共用桥两种类型。

(1)公铁两用桥

武汉天兴洲长江大桥下层为京广高铁正线和沪汉蓉铁路,上层为武汉城市三环线。沪通长江大桥通行沪通铁路、通苏嘉城际铁路和无锡—南通高速公路。规划中的武汉堤角—工业大道过江通道通行中低速磁悬浮线和市政道路。郑州郑新黄河大桥、五峰山大桥、成贵铁路金沙江大桥也都是铁路和高等级公路的合建桥梁。武汉天兴洲长江大桥如图5-5所示,成贵铁路金沙江大桥如图5-6所示。

图5-5 武汉天兴洲长江大桥

图5-6 成贵铁路金沙江大桥

(2)多条铁路共用桥

安庆长江大桥通行南京—安庆城际铁路和阜阳—景德镇铁路共4线。新白沙沱长江大桥通行渝黔铁路客运专线、渝长铁路客运专线和渝黔铁路共6线。大胜关大桥通行京沪高铁、沪汉蓉铁路客运专线和南京地铁共6线。

多功能合建桥梁可以更好地利用大跨桥梁所必需的结构宽度和刚度,与分别建设多座单一通道桥梁相比,可节省大量工程材料和建设时间,从而显著节约投资和缩短工期。

(二)风-车-桥耦合振动分析

风-车-桥耦合振动是桥梁设计中的一项重要专题,其本质为:风与车之间的相互作用、车与桥之间的相互作用、风与桥的流固耦合以及三者之间的相互作用。

为提高过桥的平稳性和舒适性,桥梁对变形控制的要求非常严格,即对结构具有较高的刚度要求,对于大跨度桥梁来说,其要求更为严格。高速运行的车流可能和桥梁产生相互耦合振动,在风荷载作用下,这种振动更加明显。为保证桥梁的运营安全,准确计算桥梁的动力响应尤为重要,这就涉及风-车-桥耦合振动分析技术,其关键内容包括激振源模拟、车辆及桥梁模型、风荷载及数值求解等。通过风-车-桥耦合振动分析,可确定桥梁的安全风速阈值,也可在极端天气下,采取封桥等措施来规避危险。

风-车-桥耦合振动分析技术的不断发展,为桥梁建设提供了必要的技术支撑,大跨度桥梁的不断建设,也将助推风-车-桥耦合振动分析技术的进一步完善。

(三)钢桁梁整体化制造

由于钢材具有强度高、材质均匀、塑性及韧性良好和可焊性好等优点,钢桁梁被广泛应用于桥梁建造当中。传统的钢桁梁制造、架设均是以一根一根杆件为单位进行的,这样的模式需要的施工机械设备简单,但有大量的高空工作量,对工程质量保证、工人作业安全保护都具有较大风险。故整体化制造技术得以发展和应用,即提前将各种构件整合,减少高空作业量,这种技术正在工程实践中不断改进创新。图 5-7 为这种技术的施工现场。

图 5-7 钢桁梁整体化制造

天兴洲大桥首次采用了整节段架设新技术,即将钢桁梁一个节间的各种构件(包括所有主桁杆件、横联杆件、铁路面纵横梁、公路桥面板)均在工厂连接好,形成一个重 650t 的整节段后运输、安装,显著减少了高空作业量。

铜陵公铁两用长江大桥首次采用了全焊接桁片单元技术,即以钢桁梁的每两个节间为一组,将所有构件分为若干个制造单元,每个制造单元在工厂全部采用焊接工艺制造,形成桁片后运输、安装。

沪通长江大桥则将钢桁梁每两个节间的所有三片主桁、公路和铁路桥面、横向连接结构全部在工厂焊接,形成重达 2000t 的整体后运输、安装。平潭海峡公铁两用大桥的 80m 和 88m

两种跨度的钢桁梁则更进一步,整孔在工厂全部焊接成整体后运输、安装。

二、高性能材料

(一)高性能桥梁钢

我国桥梁工程目前大量使用的钢材为 Q345q(Q 为桥梁钢屈服点的"屈"字汉语拼音的首位字母;345 为屈服点数值,单位 MPa;q 为桥梁钢的"桥"字汉语拼音的首位字母)和 Q370q。随着桥梁跨度越来越大,桥梁的结构内力也越来越大,迫切需求更高强度的桥梁用钢。为此,我国先后成功研发了 Q420q 和 Q500q 桥梁钢。Q420q 首先在大胜关大桥中获得应用,Q500桥梁钢已在沪通大桥中应用。大胜关大桥为主跨 2×336m 的钢桁拱桥,通行 6 线铁路,最大杆力达到 150MN;沪通大桥通行 4 线铁路和 6 车道高速公路,主航道桥为主跨 1092m 的斜拉桥,主梁最大压力高达 750MN。

为保持结构的合理刚度和尺寸,同一座大桥的主梁上不同区段可以采用不同强度等级的钢材。大胜关大桥建设中,受力较大的拱肋杆件采用了高强度的 Q420q 钢,其余部位采用Q370q 钢;沪通大桥主梁靠近主塔和辅助墩附近的压力较大,采用 Q500q 钢,压力稍小的区段采用 Q420q 钢,压力较小的区段采用 Q370q 钢。采用高强度材料可减轻结构自重,减少材料用量,从而减少对资源和能源的消耗。

(二)高性能斜拉索

与桥梁钢的发展过程类似,高强度高耐久性桥梁用拉索体系也逐步被发展应用。桥梁用斜拉索钢丝的强度从每条 1570MPa、1670MPa、1770MPa 提高至 1860MPa 或更高。沪通长江大桥斜拉索采用了强度 2000MPa 的钢丝,并采用锌铝镀层以进一步提高其耐久性。2015 年建成通车的铜陵公铁两用大桥是一座钢桁梁斜拉桥,主跨 630m,通行 4 线铁路和 6 车道高速公路,是世界上已建成的最大跨度公铁两用斜拉桥。其斜拉索采用平行钢绞线拉索体系,钢绞线拉索内每根绞线基本相互独立,可有效防止风雨振的产生。

(三)高性能混凝土

桥梁工程采用的混凝土性能依使用环境、结构部位和施工工艺不同而不同。目前,在内陆一般环境条件下,现浇施工的混凝土主梁、主塔结构大多采用 C50 等级混凝土,预制的结合梁混凝土桥面板等基本采用 C60,大体积的承台、锚碇等结构采用的混凝土强度以 C30 和 C40 为主。沪通大桥主塔高达 325m,出于经济性考虑,采用钢筋混凝土结构,由于跨度大、荷载重,为尽量减轻结构自重,混凝土采用 C60,这是首次在大体量高塔结构上采用 C60 混凝土。

三、桥梁加固与改造

20 世纪 90 年代开始,我国进入了交通基础设施建设的快速期。目前,这些早年建设的基础设施已经开始出现容量不足、设施老化等问题。桥梁设施的加固与改造是当前一项重要的专题。桥梁加固与改造是对桥梁进行补强,对结构性能进行改善,以达到提高桥梁承载能力和通行能力的效果,目的在于延长桥梁的使用寿命,适应现代交通运输的要求。

(一)桥梁加固

桥梁加固是指对出现安全隐患的桥梁或部分构件进行处理、更换,以延长桥梁的使用寿命,减小安全隐患。对于桥梁上有严重缺陷的部位或者不能满足承载要求的薄弱构件,应采用措施进行补强。对于桥梁结构的薄弱处,往往采用喷射混凝土、粘贴钢板或钢筋、加大主梁或主拱圈截面的方法以提高主梁或主拱圈的强度。此外,也常采用以高强度混凝土或环氧混凝土砂浆(不易脱开)封填裂缝,增设预应力钢筋或粘贴附加构件的方法进行处理。

(二)桥梁改造

桥梁承载力不足,或因为某种原因致使桥梁遭受破损时,可以在原有结构上增加新的受力构件,即桥梁改造,包括改变结构体系,加固桥墩、台及基础,以及整体换梁等。改变结构体系主要是根据桥梁的实际状况,采用梁式结构改为拱式结构、拱式结构改为梁式结构、简支梁改为连续梁、单跨结构改为多跨结构、增加支点以及铰接支撑改为刚性连接等手段,改善结构薄弱处的受力状态,提高桥梁整体承载能力。

有相当一批桥梁的缺陷是由桥梁的墩台和基础问题引起的,因此需要进行处理。通常采用的办法是对桥梁的墩、台采用钢筋混凝土套箍技术,用钢筋混凝土杆和钢筋拉杆施加外部预应力来调整,还可结合桥梁结构的调整采用顶推法措施进行处理。

当桥梁长期处于超载状态或接近使用年限时,桥梁主梁的病害可能达到不可恢复的程度。这种情况下,为避免重大事故的发生,需要拆除桥梁重建。为减少交通中断的时间,我国近年对一批交通量大、位置重要的桥梁进行了整体换梁工程。整体换梁是将旧梁从桥梁基座上拆除后,将高度整体化的预制梁整体吊装,以实现桥梁快速重建的工法。2011年,这一工法在国内首次应用于北京市昌平区一座高速公路桥的改造。2015年,北京路政部门在短短43h内完成了交通繁忙的三元桥的整体换梁工程,创造了整体换梁施工的最快纪录。

第三节　隧　　道

一、隧道施工安全

随着山区隧道、地铁隧道建设项目的快速增多,隧道施工中的安全隐患成为严重影响施工人员和人民群众生命、财产安全的问题。

地下水是隧道施工中最大的安全隐患,会侵蚀隧道的护壁,破坏结构承重能力和土的稳定性,严重时可能造成塌方甚至垮塌等事故。山体隧道施工时,前期勘探不足可能导致作业面触及含水层,引发设备损坏和人员伤亡。2019年11月26日发生的安石隧道涌水事故中,13名施工人员由于突然的突泥、涌水受困,最终仅有1人获救。根据2014年印发的《隧道施工安全九条规定》,有关部门和企业必须落实超前水文地质探测预报各项规定,监控量(探)测数据超标立即停工撤人,严禁冒险施工作业。此外,为避免施工人员受困,必须按照规定设置逃生通道,严禁在安全设施不到位的情况下施工作业。

在黏土、沙土等软弱地层中进行隧道施工时,发生塌方的可能性较大。为此,需要采取相应的防护措施和特殊工法以减少安全隐患。在软弱地层中开挖隧道时,往往采用台阶法、中隔壁法(CD法)、交叉中隔壁法(CRD法)等工法通过保留部分土体来降低作业面直接承受的压力。台阶法施工现场如图5-8所示,交叉中隔壁法施工现场如图5-9所示。为保障作业面的安全,在必要情况下,还可以通过插管向作业面前方的土层中注射水泥以进行超前支护。

图5-8 台阶法

图5-9 交叉中隔壁法

隧道工程与一般的地面建筑工程、道路工程不同,隧道阴暗潮湿的施工环境中极易发生行车事故、机械事故,相对封闭、狭小的空间又容易放大事故的负面后果。此外,隧道施工中,施工场地的供电系统、通风系统和运输系统都需要良好的防护和组织,故需要提高施工人员的规范操作以及安全操作的意识。

二、特殊地质条件下的隧道施工

在西南山地地区和东部河流入海口地区,隧道施工常常需要在一些特殊地质条件下进行,比较常见的特殊地质条件有断层破碎带、岩溶地貌(喀斯特地貌)、涌水带等。

在断层破碎带中,隧道穿越的岩体可能受断裂影响而较为破碎。为应对这类情况,常用的方法是采用超前小导管进行加固,并根据实际情况适当加强隧道的初期支护。遇到含水破碎带时,需要应用周边超前帷幕注浆技术(对隧道前方一定范围内的土体进行加固)。

地质勘探可以发现绝大多数的大型溶洞和地下河。隧道的选线一般应避开大型的岩溶地貌。对于施工中或施工勘探发现的中、小型溶洞,一般根据实际情况,采用不同的方法进行回填。隧道上部的小溶洞应采用 C10 混凝土回填。对隧道下部的小溶洞,应在挖除充填物后采用浆砌片石回填,并设置透水管和侧水沟。为避免回填混凝土对隧道衬砌产生过大压力,需在溶洞四周通过锚杆进行额外支护。

涌水带是山体隧道施工的最大障碍和主要危险源。隧道工程地质和水文地质条件复杂多变,设计阶段的地质勘探难以准确探明路线上的水文条件。大瑞铁路大柱山隧道在施工中暴露出了巨型含水层,该含水层自开工以来涌水 2 亿 m^3,相当于 15 座西湖。巨量的涌水和其他恶劣地质环境使大柱山隧道的工期由预计的 5 年半调整到了 13 年。对于初步判断有大型含水体的地段,需结合地质情况、探明的地质构造和地下水分布,以及超前地质预报等信息综合评判确定情况,根据涌水量大小、出水点、水压等实际情况确定帷幕注浆堵水方案。隧道施工涌水现场如图 5-10 所示。

图 5-10 隧道施工涌水现场

第四节 城市轨道交通

一、以公共交通为导向的开发模式

TOD 是 Transit-Oriented Development 的缩写,是以公共交通为导向的开发模式(图 5-11)。TOD 模式的理念最初产生于美国。随着美国经济和道路建设的发展,小汽车曾一度成为美国的主要交通工具,但是带来的问题也十分明显:城市土地极大浪费、交通拥挤不断加剧、城市中心区活力衰落、环境日益恶化。随后,彼得·卡尔索普在 1993 年的著作中提出 TOD 模式,随即得到广泛认同。美国一些城市如华盛顿、纽约、亚特兰大等地多个 TOD 项目坐落于城市的轨道交通和通勤的铁路车站旁,TOD 开发的节点和 TOD 走廊已经形成。东京、香港、新加坡、巴黎、广州和深圳等地也不断探索尝试各具特色的 TOD 模式。TOD 模式的轨道交通对城市在产业转型、资源优化等方面具有重要的影响。

图 5-11 TOD 模式规划

TOD 交通发展模式是新城市主义最具有代表性的模式之一。TOD 模式的内涵为:以公共交通的车站为中心,在一定步行范围内(如半径 400~800m)建设高密度、功能复合型的社区(如汇聚工作、商业、居住、文化、教育等多功能于一体);强调公共交通车站对社区居民出行的吸引力,从而提高公共交通的出行率;强调自行车系统、步行系统的规划,为人们提供多种可供选择的出行方式;强调高密度、功能复合的建筑形式,以提高土地的利用价值和减少居民不必要的出行;强调内部开敞空间系统的组织,尽量将公共绿地、自然景观、公园等外部开敞空间与枢纽中心进行合理衔接。TOD 模式对提升居民生活质量和出行便捷性,以及实现土地资源利用的效率最大化具有重要意义。

发展 TOD 模式,应首先合理调整城市轨道交通枢纽及站点周边区域的土地利用性质。土地利用性质直接影响轨道交通的客流规律,应将商业用地和居住用地向站点集中,将工业用地向外围迁移,同时根据商业客流和居民的出行特征,对商业用地、居住用地进行合理分配和布局。目前,北京、深圳等地都学习新加坡及香港的经验,将经济适用房、廉租房等建设规划在地铁站点周边。日本把一些公共设施合理设置在地铁步行范围(行程 5~10min)之内,既为铁路提供了非高峰时段的客流,也使地铁站点成为沿途的社区中心。

二、枢纽规划设计

(一)城市轨道交通车站分级

(1)传统的车站分级

传统的车站类型划分方式多以节点为导向,分类依据是车站的交通功能,即根据轨道交通线位交叉情况和进出客流水平进行分类,一般分为大型换乘枢纽站、换乘站、一般车站等。

(2)TOD 模式下的车站分级

结合国外的理论和经验,采取以功能为导向的轨道交通车站划分方式。按功能导向的划分主要是根据车站周边用地功能及在城市中的定位和作用进行,优点在于对车站地区的土地利用规划与土地开发有较为明显的指导作用。以此种方式,轨道交通车站可划分为三类:中心型、居住型和枢纽型。

(二)城市轨道交通车站空间尺度

在城市轨道交通车站空间尺度研究中,几何法和分析法常用于确定城市轨道交通车站的合理规划范围。几何法是概略估计的辅助方法,没有考虑地区的自然条件和具体的经济分布、客流方向与交通方式,结果往往与实际有较大误差;而分析法以出行成本最小为原则进行界定,忽略线路的通行能力和个体出行行为等因素。两者均存在一定的局限性。

(三)零换乘枢纽的一体化设计

零换乘就是指将地铁、城铁、公交、出租汽车等不同客运方式的换车地点整合在一个交通枢纽里,使乘客不出枢纽就能改乘其他的交通工具。零换乘不是不换乘,而是零距离换乘,指各种交通方式可以无缝衔接。

随着市民出行更注重时间和距离的节省,对城市轨道交通车站提出了除交通需求外的舒适性需求和服务性需求。为此,一体化设计概念与零换乘枢纽相结合,以有用地条件的轨道交通车站为基点,构建"交通、服务、经济"三网叠加的服务网络,打造"国计、民生、交通"复合功能的地铁场站综合体。

一体化设计利用公共开放的交通枢纽和慢行通道,衔接地铁站、公交首末站及停靠站、出租汽车临时停放区域、自行车停放场地、社会停车场等交通设施,在交通枢纽内实现零换乘。有生活需求的乘客可以通过"多首层地面"(提高商业价值的一种方式)到达一站式公共服务场所和居住空间。

广州凯达尔广场的设计就充分体现了一体化设计理念,在设计时充分考虑了地理位置的特点,通过整合规划地下轨道交通和地上场站综合体的功能,打造了集交通、休闲、商务于一体的建筑空间,充分达到了集中利用土地的目的,实现了枢纽零换乘并能满足乘客的生活需求,如图 5-12 所示。

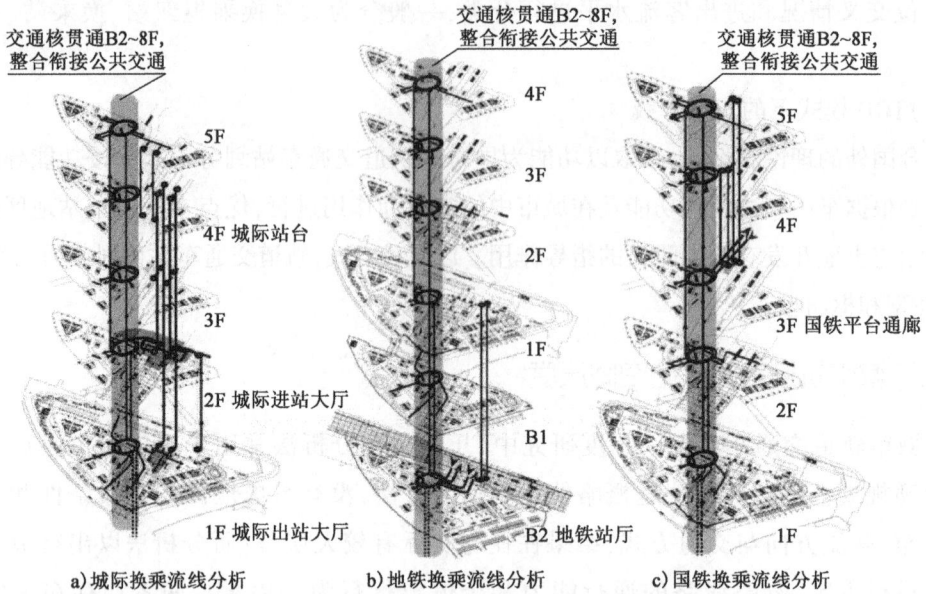

图 5-12　广州凯达尔广场交通功能站的一体化设计

第五节　交通工程

一、交通拥堵

城市高速发展带来的交通拥堵问题一直困扰着城市的居民和管理者。为缓解交通拥堵问题，各国纷纷采取提高油价、补贴公共交通、征收拥堵税、车辆限行等方法减少道路上机动车的数量，并对道路设施进行重新规划，通过道路拓宽、交叉立体化等改造措施提升路网的通行效率。此外，慢行交通、共享交通等新兴方向也得到了广泛的关注。

(一)基础设施升级

交通拥堵有时是由道路设施的承载能力不足导致的。除另行建设更多的交通设施外，综合考虑成本、施工周期和交通需求，对已有路网进行升级改造是当前的热门方向。例如，在建筑密度大、道路用地狭小的旧城区，对已有道路进行更合理的功能分类，通过设置单行道、公交限行路段等方式提高路网通行能力等。

(二)慢行交通

慢行交通是指步行或自行车等以人力为空间移动动力的交通。城市规划学重要著作《美国大城市的死与生》中将慢行交通系统在城市中的作用提升到"对提高城市生活品质至关重要"的高度，使慢行交通系统得到了交通和城市规划领域的高度关注。在我国，上海慢行交通系统、广东绿道深圳段、天津海河风光带等都是慢行交通发展的成功案例。图 5-13、图 5-14 分别为上海外滩滨江公共岸线和广东绿道深圳段深圳湾公园。

图 5-13 上海市外滩滨江公共岸线

图 5-14 广东绿道深圳段深圳湾公园

慢行交通既是城市交通出行方式中的一类独立出行方式,也是其他机动化出行方式不可或缺的衔接组成,是城市综合交通系统的重要组成部分。精心设计的、与公共交通衔接良好的慢行交通系统不仅有助于改善城市环境,还可以显著缓解道路设施的交通压力。此外,慢行交通还是城市生活中的重要组成部分。环境优美、尺度宜人、高度人性化的慢行环境,可以提高市民的幸福感和健康水平,并促进城市休闲购物、旅游观光和文化创意产业的发展,从而提高城市的整体魅力。

(三)共享交通

2014 年以来,共享经济模式随着共享单车的兴起成为社会各界广泛关注的议题。在交通领域,共享单车、网约车、定制公交等借助互联网发展起来的共享交通已在我国各大城市交通运输行业中占据一席之地。目前,我国已有超过 1000 万辆共享单车被投放到近百个城市,大大方便了城市居民的短距离出行,弥补了公共交通系统"最后一公里"的服务盲点;以滴滴为代表的网约车平台大大提高了机动车的使用率,并与包括出租汽车在内的传统公共交通形成了一定的竞争和互补;定制公交自 2014 年起在北京、深圳等大城市开展试运营,并凭借其运行速度快、舒适度高、对乘客出行需求适应性好等优点受到了广泛好评。当然,作为新型交通方式,共享交通仍存在一些问题,如缺乏宏观调控、管理水平较低等。

(四)共乘车道

共乘车道即 HOV 车道(High-Occupancy Vehicle Lane),又称多乘员车道。HOV 车道仅供搭载至少某一规定乘客数的车辆通行,是美国、加拿大等国家为提高道路使用效率、缓解交通拥堵、促进交通节能减排而率先采用的交通管理措施。

2016 年起,我国部分城市开始陆续启用 HOV 车道,以缓解城市拥堵。

（五）潮汐车道

交通中的"潮汐现象"是指道路上早晚交通流量不同的现象。对此，在交通导流改造中可采取可变车道的方式进行交通组织，潮汐车道就是针对交通的"潮汐现象"设置的可变车道。潮汐车道的实现方法为：根据早晚交通流量不同的情况，对有条件的道路设置一个或多个车辆行驶方向规定随不同时段变化的车道。例如，通过车道灯的指示方向变化，控制车道行驶方向以调整车道数。

二、停车问题

随着我国汽车保有量逐年增多，商业中心、居民区等处停车难的问题越来越严重。针对城市停车问题，建立综合停车管理体系、完善停车管理法规、提高违法停车查处的技术水平、应用集约化立体停车库以提高空间利用率、实行差别化的停车供应是主要的治理对策。

城市停车需求有着时空分布不均的特点。不同区域在不同时段有不同的停车需求，这种现象严重降低了泊位的利用率。以北京为例，据有关资料，北京市居住区共有226万个停车位，比320万个的停车位需求少了94万个。与此同时，北京市公共建筑的车位利用率仅为39%，停车场的围墙效应、多个停车场停车泊位数据共享水平低下等都加重了停车资源的不合理配置。此外，我国大城市停车资源普遍缺少统一规划，停车主管部门不统一，各部门间缺乏有效协调；企业间也缺少停车的协力，在整个链条上没有形成合力。

目前，部分发达国家的大城市对停车问题已形成一套较好的解决方法。在规划层面，具体做法包括重视停车需求调查研究，根据具体的停车需求确定停车位配建数量，并调控居民出行方式选择；将建筑物配建停车位规定为公民义务；化整为零，根据用地性质和开发强度将停车位分配到不同地块上等。在管理运营层面，则有差异化停车收费、强制购买自备停车位、征收"市中心税"等具体措施。

除上述传统策略外，停车问题的解决还可依靠立体停车、共享停车、智慧停车等采用新型工程技术和互联网技术的新方法。

立体停车是用多层的停车楼或可以大量存取、储放车辆的立体停车系统来停放车辆，与传统停车场、库相比，立体停车能够以同样的占地面积停放数倍甚至数十倍的车辆，可在很大程度上缓解用地紧张的城市中心的停车资源短缺。此外，立体停车可以实现完全的人车分流，能更好地保证人和车辆的安全；可以免除采暖、通风设施，整体耗能低于地下车库。

共享停车是共享经济模式在交通领域的另一种应用，通过分时利用泊位来节约使用者的使用成本，并提高停车资源的利用率；医院、政府机关等公共建筑对外开放停车场有时也被视为共享停车。现在，由于停车资源信息化程度低、城市停车需求的时空分布较集中等，共享停车还没有像共享单车、网约车等其他共享交通模式一样火爆。图5-15、图5-16分别为立体停车场和立体停车楼。

图 5-15　立体停车场

图 5-16　立体停车楼

三、交通环保

随着我国经济发展模式的变化,防治交通运输活动中产生的环境污染已成为一项重要课题。交通活动会对水体、土壤、空气产生一定污染,并且会产生不利的噪声和振动,其中对人们的生活影响相对较大的是空气污染和噪声。此外,交通设施的建设还可能对建设场地周围的自然环境造成破坏。针对这些问题,国内外专家学者已经进行了深入的研究,并提出了一系列的解决方法。

(一)交通噪声控制

交通噪声会干扰居住区、学校、医院等场所的正常秩序,还可能对自然保护区的动物行为带来不利影响。针对噪声控制,业界主要从减小噪声源、阻断噪声传播路径、保护受感者等方向开展相关研究。图 5-17 为控制交通噪声的声屏障。

图 5-17　声屏障

目前,国内外对交通噪声的传统控制手段主要包括倡导公共交通出行、合理规划道路、限制车流量及车辆行驶速度等。此外,随着科技的进步,低噪声路面、低噪声轮胎、吸声材料声屏障、低噪声电动汽车等也相继产生并投入应用。其中,低噪声路面材料作为交通与材料学科的交叉内容备受研究者关注。

常见的低噪声路面有多空隙沥青混凝土路面和橡胶沥青混凝土路面。多空隙材料内部具有很多彼此连通且通过表面与外界相通的空隙,轮胎滚动时,气体能通畅地钻入空隙内;入射到材料表面的声波也有一部分可以透入材料内部,并在材料内部转换成热能。橡胶沥青路面中的橡胶粉和橡胶颗粒具有较高的弹性,使其具有良好的吸收轮胎振动和冲击的效果。同时,橡胶沥青混合料是一种阻尼较大的高分子复合材料,对轮胎的振动具有较强的衰减作用,因而可以大大降低路面的振动噪声。目前,国内对低噪声路面材料的研究使用还处于起步阶段,许多方面还有待进一步研究,如降噪沥青混合料配合比设计、技术指标、路用性能评价、施工注意事项和后期维护等。

(二)交通空气污染控制

由于交通废气具有污染源不固定等问题,对交通空气污染控制的研究主要集中在汽车尾气排放后处理技术和新型动力车技术等领域。

尾气后处理减少发动机排气系统污染物排放的技术。现在最成功的后处理装置是三效催化转化器,该装置可以将汽车尾气中主要的有害物质氧化还原为无害物质再排出。但是,三效催化转化器一般安装在距汽车发动机出口 1.2m 处左右,在发动机开始工作前 200s 内,催化剂的床体温度达不到催化剂的起燃温度,故催化转化器无法对这期间排放的尾气进行净化。因此,研发新型催化剂及新处理技术是尾气后处理的发展方向。

目前,新型动力车的主流发展方向为电动汽车、燃料电池汽车和混合动力汽车。电动汽车是以车载蓄电池为动力的汽车;燃料电池汽车利用氢气与空气的电化学反应,将化学能转化为电能进而作为驱动力;混合动力车将电力和辅助动力结合,充分发挥两者优点,是产业化和市场化前景最好的类型。除动力系统外,新型动力车的其他性能都与普通汽车基本相同。新型动力车的突出优点是行驶过程中不产生有害气体,温室气体的排放也较少。但新型动力车也有不足之处,如普及成本高、续航里程短、寿命不长等。如何将燃料电池、动力装置、电动机和燃料储存系统等安全地安装在一个小空间内,如何减轻质量、减小体积并降低成本,如何以较低的成本建设充电站等配套基础设施等,是新型动力车市场化面临的主要问题,也是当前世界各国的重点研究方向。

(三)交通生态保护

交通设施建设与生态环境保护如何兼顾,是人们长期以来重点关注的问题。植被保护、动物保护和水土保持是当前交通生态保护的主要方面。

(1)植被保护

现在,我国在以青藏高原为代表的生态脆弱地区已经建设了青藏铁路、拉林公路等一批环境友好型交通设施,并在建设、维护中运用了大量新技术、新方法以保护当地生态环境。在高原高寒地区,每一寸绿色都十分珍贵,在青藏铁路和拉林公路建设中,都采用了原有植被草皮表土回填法对施工场地的草皮进行移植回填保护。

（2）动物保护

公路、铁路作为线形的工程构筑物,在穿越野生动物栖息地时很可能截断动物的行动路径,在危害野生动物生命的同时也降低了道路的安全性。修建青藏铁路时,人们综合考虑视觉效果、噪声控制、穿越便利性等因素,参照北美景观桥建设经验,在藏羚羊迁徙的关键路段设置了多组动物通道以满足其迁徙需要;在藏原羚、藏野驴和野牦牛的关键保护路段也以上跨式和下穿式野生动物通道相结合的方式预留了迁徙通道。经调查,青藏铁路通车后,青海、西藏的藏羚羊数量非但没有减少,反而因偷猎多发地区的经济发展而出现了一定的回升。

（3）水土保持

我国多数地区都存在水土流失的问题。交通设施的排水性较差、对土壤的固结能力也较弱,如不进行特殊处理,极有可能加剧水土流失,进而引发对道路本身不利的地质灾害。因此,在道路建设中,除了谨慎选址外,还要对周围土体和水环境进行一定的改造,以提高地区水土稳定性,在保持水土的同时增加道路的使用年限。

除边坡防护、框架防护、边坡植草等传统工程方法外,对土壤的保护还可以采取草皮骨架边坡植草、土壤种子库、三维网植草等技术。草皮骨架边坡植草技术以块状草皮为骨架构建坡面防护与绿化,并在骨架间填充建设时剥离的表土并播种,最后辅以覆盖措施。该技术结合了框架防护的减水减沙和边坡植草的土壤保持,并能为植被生长提供良好条件,缩短边坡植被的生长时间。土壤种子库技术与三维网植草技术通常组合使用。三维网植草可以改善坡面的防护,并能解决土壤种子库早期的水土流失问题,同时可以美化景观,是一种适合高原区的良好技术。此外,草皮表土回填等方法也可以在保护原有植被的同时有效控制水土流失。

第六章
道路交通类专业新兴方向

第一节 道 路

一、智能建造

提起智能建造,不得不说起工业 4.0。按照目前的共识,工业 1.0 为蒸汽机时代,工业 2.0 为电气化时代,工业 3.0 为信息化时代,工业 4.0 则是利用信息化技术促进产业变革的时代,即智能化时代。德国于 2013 年在汉诺威工业博览会上正式提出工业 4.0 的概念,其核心目的为提高德国工业的竞争力,旨在提高制造业的智能化水平,其三大主题分别为"智能工厂""智能生产""智能物流"。

之后,美国于 2014 年提出了"工业互联网"概念,我国在 2015 年提出了"中国制造 2025""智能制造工程"概念,表明我国未来发展需要紧密围绕重点制造领域关键环节,开展新一代信息技术与制造装备融合的集成创新和工程应用。在这样的背景下,机械施工的智能化、无人化、标准化已经成为新的发展趋势,交通基础设施建设将迎来更高质量发展。

攀大高速公路是智能建造在交通领域的应用案例。作为国家高速公路网调整新增线路,攀枝花—大理高速公路是四川省规划新增的 7 条出川通道之一。曾经的"蜀道难"在纵横交错的交通路网中早已不复存在,然而中国建设者们显然并不满足,不仅追求品质过硬的筑路成品,更追求科技感满满的筑路过程,使得攀大高速公路成为全球首条应用无人机群施工的高速公路,其施工现场如图 6-1 所示。

图 6-1 攀大高速公路施工现场

首先,远程监控数据中心根据参数设置规划出最优作业路径,然后,向机载控制系统输出控制指令,自主操控压路机,实现整个机群的无人作业。这项技术的应用成功实现了复杂工况下的设备无人作业,施工轨迹精确控制在 2 ~ 3cm,大幅提高了施工质量,大大节省了作业成本。除此之外,无人机群配备了多级安全防范措施,实时监测现场施工情况,可实现自动预警、紧急停车、自动进退场、自动避障等安全防护,为道路施工保驾护航。

二、智慧高速公路

本书的第三章已经给出了智慧高速公路的相关概念以及特征,我们追求路网运行更安全畅通、公众出行更便捷愉快、交通管理更高效智能、智慧道路更绿色经济。目前,我国十分重视智慧高速公路的研究和建设,行业发展也十分迫切。

2019 年 9 月,中共中央、国务院印发《交通强国建设纲要》,纲要中提到加强智能网联汽车(智能汽车、自动驾驶、车路协同)研发,形成自主可控完整的产业链;大力发展智慧交通,推动大数据、互联网、人工智能、区块链、超级计算等新技术与交通行业深度融合。

2020 年 3 月,国内首部关于智慧高速公路建设的指导性文件《智慧高速公路建设指南(暂行)》发布,以浙江省内先行开展的试点项目和既有研究成果为依托,结合智慧高速公路的内涵和发展趋势,在明确智慧高速公路建设原则、目标和内容的基础上,确定了调研工作、基本应用建设、创新应用建设、建设管理等的具体要求,并编写了浙江省内营运高速公路智慧化提升改造方案、新建智慧高速公路建设方案和智慧高速公路测试场建设方案。

作为智慧高速公路示范省份,浙江省自 2019 年正式启动智慧高速公路建设,大力推动高速公路智慧化改造提升工程。经过浙江省交通集团有限公司一年的研究和实践,沪杭甬高速公路已现智慧高速公路雏形,以其智慧化改造提升路段——杭甬高速公路柯桥至绍兴段为例,监控画面中可以显示当日车流量、路段实时在途车量、双向平均车速,还可以采集到低速行驶、超速行驶车辆的信息,如图6-2所示。

图6-2　沪杭甬高速公路智慧化案例

智慧高速公路通过时空情报板、智能车载终端、智慧高速 App 实现驾乘人员出行信息获取多源化;通过实时通行情况及路况信息实现道路信息精准化;提升标志标线的清晰度,改善夜间行车环境,实现道路设施醒目化;车辆在高速公路上出现故障、发生事故需要特殊服务时,联合保险公司提供救援、路产损失理赔的服务,实现"最多跑一次、力争一次都不跑"的一体化服务。

现阶段,沪杭甬高速公路提质改造路段已经达到了道路平均车速提升8%、通行能力提升20%、道路拥堵时间降低10%、拥堵指数发布和出行时间预测准确率达到90%、道路行车事故下降10%、救援时间缩短10%的效果。下一步的目标是建立全线道路状态监测系统,加强智慧算法开发和应用,建立交通诱导系统以及打造智能收费站和服务区,最终实现高速公路"智慧化"。

需指出的是,仅使用信息化技术实现道路智慧化是不够的,还需满足更高的路面性能要求。因此,功能型路面这一概念被提出,主要是为达到保障交通安全、路面资源再生利用、路面材料及结构智能化和环境友好的效果。其对应的主要技术有高原冻土路面保护技术、城市凉爽路面技术(减缓热岛效应)、汽车尾气路面净化技术、冰雪抑制路面技术、环境友好型路面技术以及交通安全型路面技术等。

第二节　桥　　梁

我国桥梁建设技术的发展和应用已经达到了全球顶尖水平,推动桥梁建设高质量发展成为下一个时期的主要需求。从以建设为主向建设、养护并重转型已经成为共识,桥梁全产业链与现代信息技术深度融合已经成为未来的发展方向,信息技术正在融入桥梁从规划到运营的全生命周期。

一、智能建造

(1)建筑信息模型(BIM)

大型、特大型桥梁项目对桥梁工程的施工、设计有很高的要求。桥梁施工存在施工环境复杂、施工周期长、设计复杂、构件繁多、体积庞大等问题,而这些问题可以通过 BIM 的应用得到缓解。

根据二维设计图纸,依照国家和地方相关设计标准,利用 BIM 技术创建桥梁三维模型,建立的三维模型在可视化、协调性、模拟性、优化性、可出图性等方面均具有优势。根据模型,可形成对二维图纸中的设计错误,信息不完整、设计描述错误等明显错误的报告,便于对二维图纸的质量进行客观评价,同时进行桥梁深化设计。

桥梁的工程水文地质环境往往比较复杂,方案比选在桥梁建设中非常重要。传统设计方法通过二维的图纸来表达三维的结构形式,除了容易导致结构的表达不够明确以外,还常常会出现绘图的错误。BIM 技术可以为这些问题提供非常好的解决方案,可以使结构与地质、环境相结合,更好地辅助设计人员进行方案比选。

(2)智能建造技术

2015 年,交通运输部印发了《交通运输重大技术方向和技术政策》,将"桥梁智能制造技术"列为交通运输十项重大技术方向和技术政策之一。

在钢桁桥制造安装控制方面,我国桥梁工程人员开发了从几何数据采集、快速三维建模到预拼装误差分析的虚拟预拼装平台,并通过实例分析建立了预拼装评判标准,以更好地指导现场制造。在沪通长江大桥的建设中,虚拟预拼装相较于工厂预拼装节约了 90% 的成本和 70% 的时间,证明了该技术可以大大提升装配式桥梁的安装精度与效率。

在转体施工控制技术方面,研发了大跨多肋柔性拱竖转、万吨级平转技术及控制系统,形成了转体施工控制方法和控制指标体系,控制系统成功应用于郑万铁路水平转体、沪通长江大桥天生港专用航道桥的竖向转体施工,实现了转体过程自动协调智能同步控制,以及转体全过程几何与受力状态自动跟踪与调控。

(3)智能装备

更为复杂的桥梁建设环境,对桥梁建设装备的智能化程度提出了更高要求。近年来,我国的桥梁施工单位对传统施工装备进行改进、创新,研发了覆盖桥梁建造、维修、拆除全生命周期的全套智能化新型装备。

中交第二航务工程局有限公司自主开发了集合行走、驱动、施工控制、监视报警功能于一体的智能化步履式顶推装备,攻克了等截面箱梁顶推、梁拱组合桥梁顶推、变高截面箱梁顶推、钢桁梁桥顶推、曲线桥梁顶推等技术难题,设备成功应用于九堡大桥、北盘江大桥、沌口长江大桥等项目中,被创造性地用于填海等海上工程,实现了全天候高效施工。

中国建筑第三工程局有限公司自主研制了国内首个整体式自适应智能顶升桥塔平台(简称造塔机)。造塔机由支承顶升系统、框架系统、模板系统、智能监控系统等组成,集成了模架、临建、堆场等各类桥塔施工所需的设备设施,可实现多作业层高效协同施工。2018年,造塔机被应用于宜昌伍家岗长江大桥的主塔建造,如图6-3所示。这是我国首次将造塔机从超高层建筑拓展应用至大型桥梁领域,实现了我国大型桥梁建造核心技术装备的新突破。

图6-3 造塔机在建造宜昌伍家岗长江大桥桥塔

随着我国桥梁服役时间的增长和荷载的日趋加重,大量旧桥危桥面临着维修、加固、拆除的问题。北京市政路桥集团有限公司为了减少桥梁维护和换梁造成的交通中断时间,首次引进了整体换梁工法,并开发了驮运架一体平板运输车(SPMT),两台运输车并联作业可以实现2000t级别的桥梁整体换梁。

二、智能管养

目前,我国大量在役桥梁面临着服役老龄化和使用条件恶化等突出问题,桥梁管养任务变得非常繁重。随着桥梁建设由内陆走向外海、从平原走向深山峻岭,桥梁养护难度也日益加大。要实现平安、长寿的更高要求,现有的养护技术亟须突破。尽管目前已有很多新的检测技术,但仍存在部分不能适应桥梁检测养护需求、缺乏配套的系统软件、应用效果参差不齐、缺乏统一标准、对操作人员的技术水平要求较高等问题。

未来,通过广泛应用高清摄像、智能化巡检、自动化机械巡检、北斗系统形变检测、"无人值守"荷载试验、监测检测结合等新技术,可以借助更少的人力,实现更全面的检测与监测。为了将自动化监测拓展至桥梁全寿命周期,我国技术人员提出并建立了基于几何控制法的桥梁全寿命安全监控系统。该系统能够实现施工与运营养护的无缝对接,贯穿结构构件从制作到拆除的全过程,可全面把握桥梁结构真实状态,为桥梁全寿命周期的安全评估和养护决策提供科学依据。

为了更便捷、更准确地检测桥梁状态,特种设备生产厂家开发了多种集机械电子、视频处理、软件应用等多项技术于一体的便携桥梁检测系统,如图6-4所示。便携式轻型设计的设备可以方便地卡放于桥梁护栏上,单人即可在桥面上通过无线遥控进行桥梁上、下部结构的检查。高倍光学变焦的视频采集系统可以对桥梁的梁体、支座等关键构件进行细致检查。设备可以拍摄病害的高清照片,并支持病害的现场测量。

图6-4 "智视"桥梁检查系统

在软件方面,系统检查记录包含病害图片信息、病害构件信息、病害诊断信息、病害位置信息和病害尺寸信息,可以对病害进行全面描述;可以全程跟踪、记录病害的发生、发展过程,形成桥梁生命周期内完整的关键构件健康档案。

近年来,随着一系列跨海大桥建设通车,桥梁检修分散式管理已经无法适应动辄长达数公里的跨海大桥管修的精细化要求。为了提高跨海大桥的管修效率,降低管修成本,以港珠澳大桥为代表的新一代跨海大桥在设计中搭载了桥梁检修车智能管理系统。系统通过工业控制计算机、以太网、Zigbee无线定位,利用无线数传技术、GPRS通信技术、GIS技术、管理信息技术等搭建集中式信息化平台,对桥梁检修车辆和人员进行智能综合管理,极大地方便了超长桥梁及桥上设备的维护。

第三节 隧 道

一、智能化监控系统

隧道安全问题一直是人们所关注的重点,随着大、长隧道的修建,隧道火灾和隧道污染的危险性不断增加,特别是火灾事故,不仅严重威胁隧道的安全,而且会对人民的生命财产造成极大的伤害。在此背景下,隧道的智能监控显得越来越重要。

(1)隧道施工智能监测

隧道的特殊施工环境要求施工人员实时监控隧道各处的形变、位移、渗压等重要参数。传统上,这些监测工作需要使用水准仪、收敛计、全站仪等仪器,由施工人员进行人工测量。通过人工操作仪器进行测量存在时效性差、效率低、特殊路段无法适应涌水和塌方等局限性,可能会导致隧道施工安全事故的发生。

针对传统监测方法的局限性,我国隧道施工技术人员开发了一系列隧道工程智能监测报警系统。系统一般包括传感器、信号处理、数据中心和报警系统等多个模块,可以将隧道的各项参数以模拟信号的形式传送给信号处理模块。信号处理模块分析、加工数据后,在需要时向报警系统发出报警指令,提示施工人员对安全隐患做出相应处理。

(2)隧道运营智能监控

隧道智能监控系统采用分级管理模式。通过建立多层次、多系统的统一管理平台,实现各子监控中心或本地监控主机、各系统监控设备的统一有序协调管理。各子监控中心在服从总监控中心调度指挥的同时,在各自的功能范围内对所辖各隧道的监控设备进行管理和调度,实现集中与分散相结合的多级用户管理模式。

隧道智能监控系统主要包括实时视频监控、流量监测、速度检测、变配电参数检测、火灾自动报警、照明、通风、应急电话、环境监测、交通控制等子系统。其中,隧道视频监控系统可以实时监控隧道内的交通流量和交通运行情况,及时发现各种异常情况,对重点路段及时实施交通管制,采取应急措施,确保隧道运行的高速、安全、舒适、经济。

二、智能化施工

(1)全工序机械化施工

在传统的隧道施工方法中,洞身开挖、支护、喷射混凝土等工序大多由人工完成,工人的劳动强度很大,施工规范性往往难以得到保证。此外,一旦施工中发生危险,极易产生群死群伤的安全事故。以钻爆为例,传统的钻爆作业由人工进行炮眼钻设,三车道隧道一般需要20人左右的施工人员,且钻进速度较慢,人工进行炮眼钻设的随意性也较大。

贵州贵黄高速公路龙昌隧道在建设中选用了全工序机械化施工方案。在钻爆工作中,龙昌隧道没有采用人工操作,取而代之的是智能三臂凿岩台车。钻孔定位由车载计算机完成,操作手只需要按下启动键,5min就可以完成3个炮孔的钻设。施工全程仅需4~5名操作手在驾驶舱内操作,钻进速度快,钻孔精确高。图6-5为人工钻爆施工现场,图6-6为智能三臂凿岩台车。

通过"机械化减人、自动化换人"技术的不断探索革新,中交二公局第六工程有限公司提出"9+N"全工序成套机械化施工的办法。从超前地质预报到洞身开挖,再到喷射混凝土,机械覆盖了隧道施工的每个流程。传统上需要几十人的工序现在只需不到10人即可完成,施工人员以人海战术汗流浃背挖隧道的热闹场面正在成为明日黄花。

（2）智慧盾构

盾构掘进是地下隧道施工的主要方式。为了适应上海地铁的建设需求,上海申通地铁集团有限公司与上海隧道工程股份有限公司(以下简称隧道股份)合作进行了盾构施工技术融合的尝试,包括盾构机管理平台、自动巡航盾构等。隧道股份联合高校研发了盾构隧道施工智能管控平台,基于移动化、集中化、智能化的管理理念,开发了手机 App 软件、大屏监控软件、智能网站软件,全方位展示施工数据,改变了之前在分散、庞杂的工地上仅依靠驻点盾构工程师进行管理的传统管控模式,提高了管理的强度和效率。现已成功接入来自上海、宁波、南京、郑州、武汉、珠海、昆明等多个城市的两百余盾构机,并为其提供咨询服务。

图 6-5　人工钻爆施工现场

图 6-6　智能三臂凿岩台车

自动巡航盾构即在就地人员操控的基础之上,利用新一代传感融合技术、高安全精准数据链技术及人工智能学习技术控制盾构自动巡航施工。盾构机的简单操控指令已经完全可以由决策"大脑"自行完成,"智能盾构施工"的大幕正在缓缓拉开。

基于信息技术和新一代人工智能技术的发展,再与盾构专业技术深度融合,构建了从"自动巡航盾构"到"自动控制盾构"再到"智能掘进盾构"的发展路线,并正在快速前进。在即将到来的自动控制盾构时代,盾构设备将能适应各种复杂工况,实现掘进、拼装整个体系的自动化。

第四节　城市轨道交通

一、中低速磁悬浮

磁悬浮列车可分为高速磁悬浮列车和中低速磁悬浮列车两种,前者的最高时速可达到 500km 以上,速度介于干线飞机与高速轮轨列车(一般指高铁)之间;后者时速为 100～120km。

中低速磁悬浮列车与传统的轮轨交通车辆有较大的差别,它取消了车轮、齿轮传动等机械结构和传统的转向结构,采用磁力使车辆悬浮于轨道上。其技术体系、标准与原有的轮轨交通相比有显著不同,主要是因为磁悬浮列车投入商业运营后,需要在大编组、高密度运营条件下保证磁悬浮运输系统的安全性和可靠性,故技术体系与标准均较高。中低速磁悬浮列车如图6-7所示。

图6-7 中低速磁悬浮列车

中低速磁悬浮相较于轮轨交通和高速磁悬浮更安全,这主要得益于其特殊的机械特性:中低速磁悬浮列车是悬浮"抱"在轨道上运行,列车和路基一体化,所以不存在脱轨问题,在运行中也不会发生颠覆事故,可确保其更安全可靠。除此之外,磁悬浮交通线一般采用高架系统,有利于各种救援力量进行救援。

中低速磁悬浮列车的研究和制造涉及自动控制、电力电子技术、直线推进技术、机械设计制造、故障监测与诊断等众多领域,是一个庞大的系统工程,也是一个绿色环保的工程技术体系:中低速磁悬浮列车的噪声和振动都很小,噪声在60dB左右,不影响周围居民的生活。在磁辐射方面,磁悬浮列车使用直流电电力牵引,所以无空气污染及电磁干扰;距磁悬浮列车3m外进行测试,其磁辐小于电视、通信工具的磁辐射。

在成本方面,中低速磁悬浮也显示出特有的优势。中低速磁悬浮的综合工程造价远低于高速磁悬浮,也低于轻轨。中低速磁悬浮每公里造价2.3亿~2.8亿元,轻轨每公里造价2.5亿~4.1亿元。造价存在差异的主要原因是磁悬浮列车爬坡能力强,可以爬7%的大坡,这一特性使得中低速磁悬浮交通建设可以大幅节省拆迁成本和引桥建设成本,大大减少线路土石方工程量,减少投资。

此外,中低速磁悬浮的运营成本相对各种轮轨交通更低。在长期使用的人工费、设备设施的维护费和耗能方面,中低速磁悬浮均具有优势,且整个系统寿命周期长,成本摊销时间多,当期应摊销成本少。例如,日本名古屋线自2005年3月运营以来,列车和轨道没有进行过机械维修,只有个别小电器插件更换过;深圳地铁8号线规划线路总长26.4km,拟采用的磁悬浮制式的造价大约为90亿元人民币,比地铁列车每公里可节省3亿元的成本。

二、自动旅客捷运系统

自动旅客捷运系统(Automated People Mover Systems,APM),是一种集合了多种传统城市轨道交通工具特点的无人自动驾驶、立体交叉的新型快速客运交通系统。APM采用橡胶车轮,由导轨引导在2条平行的平板轨道上全自动控制运行,也称自动导轨交通(Automated Guideway Transit),现逐渐发展形成穿梭式或环形的短距离交通和中低客运量的城市客运交通两大类别。APM在国外大多用作大型机场穿梭交通、交通枢纽换乘工具以及城市的辅助交通工具,北京机场T3航站楼也采用了APM。

广州地铁APM线无人驾驶线路彻底取消了司机对列车运行过程的干预和控制,其运营模式与常规驾驶线路相比,在列车运行方式、列车运行过程和故障管理等方面均发生较大变化,强化了信号系统与行车相关专业的自动控制和控制中心调度员的集中监控功能。实践证明,广州地铁APM线无人驾驶线路运营模式的系统设计是可行的、完备的,可以为国内无人驾驶线路的信号系统设计提供参考。机场APM如图6-8所示,地铁APM如图6-9所示。

图6-8 机场APM

图6-9 地铁APM

第五节 交通工程

一、智慧交通

(一)智慧交通的含义

智慧交通是在智能交通的基础上,在交通领域中充分运用物联网、云计算、人工智能、自动控制、移动互联网等技术,通过这些高新技术汇集交通信息,对交通管理、交通运输、公众出行等交通领域全方面以及交通建设管理全过程进行管控支撑,使交通系统在区域、城市甚至更大的时空范围具备感知、互联、分析、预测、控制等能力,以充分保障交通安全,发挥交通基础设施效能,提升交通系统运行效率和管理水平,为通畅的公众出行和可持续的经济发展服务。图6-10为公交信息处理系统,图6-11为智慧交通解决方案功能构架。

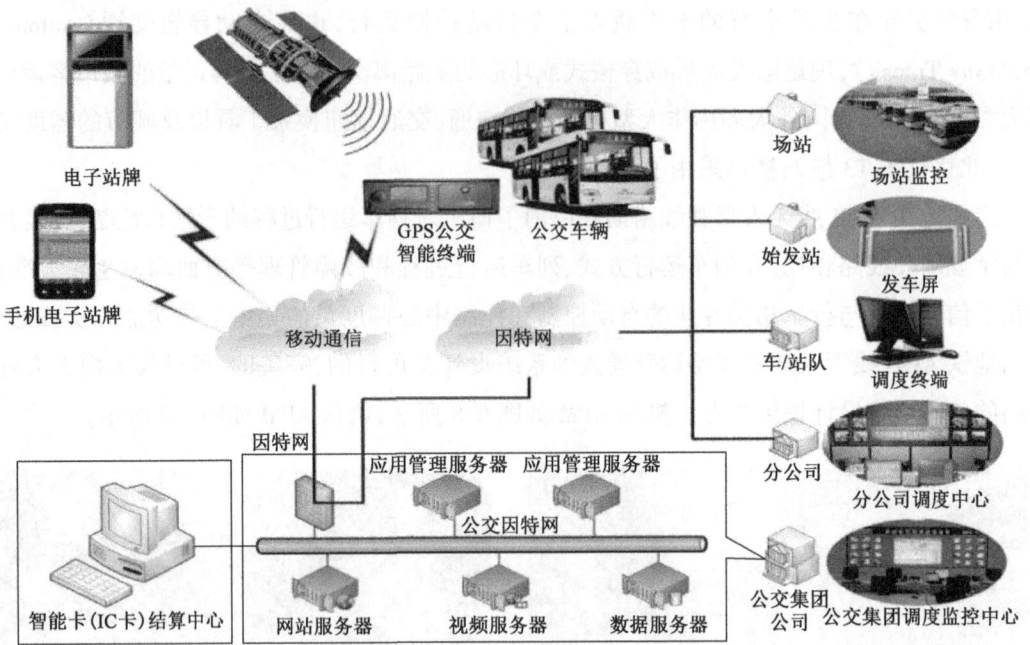

图 6-10　公交信息处理系统

图 6-11　智慧交通解决方案功能构架

注：LBS-移动定位服务；ETC-不停车电子收费系统

(二)智慧交通与智能交通

智慧交通是在智能交通的基础上发展而来的。智慧交通与智能交通都是将信息技术、传感技术、通信技术等应用在交通运输领域,两者在建造内容、关键技能、使用方向等方面具有共同点。不同之处在于,智能交通侧重于各类交通应用的信息化,而智慧交通是智能交通在物联网、移动互联、无线通信网络、云计算等高新技能工业开展环境下的全新演绎。智慧交通致力于将交通信息体系最大限度地与其他各类信息体系互联互通,推进交通办理及出行效劳体系建造的信息化、智能化、社会化、人性化,从而最大限度地发挥交通基础设施的效能,为大众提供高效、安全、快捷、舒适的出行效劳。

除了重视交通信息的采集和传递,智慧交通还重视对交通信息的剖析,以及各种信息技术的有效集成运用,看重的是体系性、实时性、信息沟通的交互性以及效劳的广泛性,寻求体系功用的自动化和决议计划的智能化。因而,体系的建造更多的是在数据堆集和传递的基础上进行数据的使用和开发,完成更多辅助人脑的"才智"功用。

(三)智慧交通的关键技术

(1)交通要素的标识和感知

智能识别和无线传感技术是标识和感知物体的最主要的技术手段,是整个智慧交通建设的基础。

智能识别是指每个物品都拥有唯一的二维码或射频识别(RFID)标签,这些电子标签中封存着它们独有的特征及位置信息,这些信息可以被智能设备读取,并传输至上层系统,进行识别处理和最终决策。

无线传感网络(WSNs)是由许多设置在目标监测区域内的传感器节点组成的网络,这些节点具有微型、低成本的特点,节点之间通过无线方式交换信息,灵活且便于部署。

在智慧交通网络中,传感器分为采集节点和汇聚节点。每个采集节点都是一个信息处理系统,负责环境信息的采集处理,然后发送至其他节点,或者传输至汇聚节点;汇聚节点接收到各采集节点传来的信息后,进行融合处理,再传送至上一级处理中心。

(2)智能交通云

智能交通领域的各系统尚处于信息分立、各自为战的状态,数据难以相互传递,严重浪费数据资源。智能交通云主要面向交通服务行业,是一种融合了云计算的智能交通管理技术,充分利用云计算的海量存储、信息安全、资源统一处理等优势,为交通领域的数据共享和有效管理提供了新的思路。

智能交通云处理平台可以实现海量数据的存储、预处理、计算和分析,能有效缓解数据存储和实时处理的压力,具有较大的发展潜力。

（3）数据处理技术

智慧交通中，数据的海量性、多样性、异构性都决定了处理的复杂性。简单到交通设施及来往车辆数据的收集，复杂到交通事件的判定检测，都需要对数据进行实时、准确的处理。智慧交通中常用的数据处理技术有数据融合、数据挖掘等，除此以外，还必须做到数据的选择性上传，保证个人隐私数据的安全。

（4）智慧交通系统集成技术

当前，不同省区市、不同部门、不同场景的智慧交通系统尚处于相对分散和独立的状态，无法共享数据，形成了一个个"信息孤岛"，造成前期投入成本很高，却无法发挥作用。因此，智慧交通系统集成技术的研究迫在眉睫。

智慧交通领域的系统集成可分为数据集成和设备集成两方面。

数据集成有两种应用方式：一种是单个平台系统内部数据的融合，另一种是多平台多传感器不同时期相关数据的分析处理，通过融合后得到数据，对交通信息进行预测。

当前旧的交通系统需要平稳过渡到智慧交通系统，这就要考虑设备集成的问题。对此，可以制定统一的智慧交通标准体系和管理规范，建立一个规范的管理平台，将智慧交通产业链中的政府资源、企业资源、科研资源等融合到一起，再由大型企业牵头促进智慧交通的产业化，最终形成完整的智慧交通体系。

二、智能车辆

（一）智能车辆的含义

智能车辆是指在普通车辆的基础上增加先进的传感器（雷达、摄像）、控制器、执行器等装置，通过车载传感系统和信息终端实现与人、车、路等的信息交换，使车辆具备环境感知能力，能够自动分析车辆行驶的安全及危险状态，并使车辆按照人的意愿到达目的地，最终实现替代人来操作车辆。但是由于技术条件的限制，现阶段还没有可以完全实现无人驾驶的汽车。

（二）智能公交

（1）概述

先进的公共交通系统（Advanced Public Transport Systems，APTS）是将现代通信、计算机、卫星定位等技术集成应用于公共交通系统，建立智能化的公交调度系统、公交信息服务系统、公交电子收费系统等，为出行者提供更加舒适便捷的服务。

APTS 是智慧交通的一项重要内容，主要服务于出行者和公交车辆。对出行者，APTS 通过采集与处理动态信息（交通量、车辆位置、事故等）和静态信息（交通法规、道路管制等），利用多媒体向其提供这些交通信息，以达到规划出行、选择最优路线、节约出行时间等目的。对公交车辆，APTS 主要对其进行动态监控、实时调度等操作，从而提高公交系统的运行效率和服务水平。

（2）智能公交发展历程和现状

20 世纪 80 年代以来，许多国家都开始将信息技术应用于公共交通领域。美国城市公共交通管理局已经启动了 APTS 项目。1998 年出版的《APTS 发展现状》显示，美国对 APTS 的研究主要是基于动态公共交通信息的实时调度理论和实时信息发布理论等，具体包括车队管理、出行者信息、电子收费和交通需求管理等方面。

日本利用互联网技术，与谷歌公司、日本铁道公司集团（JR）各会社开展合作，基本实现了全国范围内的公交实时查询，并在首都圈、关西圈等大型城市群实现了利用 IC 卡电子付费，极大方便了公共交通出行者。

许多欧洲城市面临着城市街道狭窄的问题。一些城市通过实施信号改造、设置公交专用道等公交优先政策和采用智能监控、调度等技术，提高了公交车辆的运行速度和服务质量，吸引了部分客流，从而成功地缓解了交通压力，部分解决了城市交通问题。

改革开放之初，我国的公共交通事业相对西方国家还非常落后，但我国的各级政府一直高度重视公交事业的发展，每年都投入巨资来促进公共交通和智能公交的发展。今天，我国的智能公交发展已经处于世界领先水平。上海、广州、天津等城市的部分公交站点已经装设了电子站牌，公交运行情况网上查询已经在数十个城市上线，移动支付已经在多个城市开始应用，交通运输部推出的"交通联合一卡通"更是能让出行者仅用一张 IC 卡就能搭乘全国两百余座接入该系统的城市的公交系统。

（三）我国智能公交案例

（1）天津智能候车亭

天津市于 2016 年在华苑科技园等片区的部分公交停靠站换装了新式的智能候车亭。除提供传统候车亭的雨棚、座椅外，该型候车亭还能通过发光二极管（LED）屏幕向候车乘客自动播放各线路车辆的运行状态和到站信息，并提供无线网络和供乘客充电接口。公交停靠站候车亭如图 6-12 所示。

（2）上海公交实时查询

上海公交系统利用互联网技术推出实时公交查询功能，乘客可以方便地通过网页或手机应用查询公交车辆的运行情况等出行信息，便于出行者进行合理的出行时间、路线规划，也提高了公交系统的使用效率。

除此之外，南京、广州、北京、大连等城市已经逐步建立起智能公交系统，利用手机 App 等软件，可以实时查询公交信息。

（四）智能停车

智能停车是指将无线通信技术、移动终端技术、卫星定位技术、GIS 技术等综合应用于城市停车位的采集、管理、查询、预订与导航,实现停车服务一体化、停车位资源利用率最大化、停车场利润最大化。

图6-12　公交停靠站候车亭

智能停车的目的是让车主更方便地找到车位,主要包括线下、线上两方面。线上智慧化体现为车主用移动终端获取指定地点的停车场、车位空余信息、收费标准、是否可预订等信息,并实现预先支付、线上结账。线下智能化体现为让停车人更好地停入车位,具体包括借助于电子付款技术实现快速通行,提供宽大车型停车位、新手驾驶员停车位、充电桩停车位等个性化消费升级服务,利用停车机器人自动代客泊车等。

在智慧交通的诸多子项目中,智慧停车是一个较为年轻的研究方向。随着与互联网技术的融合,智慧停车可以通过对停车大数据的掌握,实现停车智慧化、管理可视化和运营高效化。目前,智慧停车主要包括车位引导、停车场管理、反向寻车等功能,一些停车场还具备特殊车辆管理功能,利用车位感知、视频识别、智能读卡等技术手段,可将特殊车辆自动引导进入指定车位。

三、绿色交通

(一)绿色交通的含义

绿色交通提倡减少个体机动车的使用,提倡大力发展公共交通,提倡使用清洁燃料,是一种适用于所有出行者的低成本、无污染、节约资源的交通模式,具有公平、安全、便捷、高效、环保、低耗等特点。绿色交通不仅是低碳、环保的出行方式,同时也代表一种健康、休闲的生活方式。

(二)智慧交通在绿色交通中的应用

借助智慧交通的先进技术,提升交通决策、管理和服务的智能化和信息化水平,对促进交通资源合理配置、提升公众出行安全性及高效性具有积极意义,还可起到节能减排的作用,促进绿色交通发展。其应用主要从道路交通信息化和公共交通信息化方面进行考虑。

道路交通信息化主要是实现道路流量、车速等信息的实时采集、快速处理、及时发布等，一方面满足交通管理部门的管理需求，另一方面为出行者提供各种出行信息服务。

公共交通信息化能够优化公共交通运营模式，极大提高现有公交系统的管理和运营效率。同时能够为乘客提供全面的公交信息服务，使乘客出行方便，获得足够的决策信息。

综上所述，智慧交通在绿色交通中的应用主要体现在以下三个方面：

（1）提供技术支撑

智慧交通系统是手段，是实现绿色交通的技术支撑。在智慧交通系统中，交通基础设施将得到充分利用，交通系统的服务水平将得到提升，环保节能目标将更好地实现。

（2）构建绿色交通模式

转变路网导向型发展模式，构建"绿色交通导向型"模式。在智慧交通系统中，人们通过集约化、绿色化的交通体支撑和引导城市用地的有序开发，使土地利用与交通组织相互适应，减少不必要的小汽车出行，缩短出行距离，这也符合绿色交通的发展理念。

（3）提高公共交通的吸引力

发展公共交通是发展绿色交通的重要内容。智慧交通系统利用云计算、物联网、人工智能等技术，除能为乘客提供及时、准确的交通信息，也可增加公共交通的方便性、快捷性、可靠性、舒适性，从而提高公共交通的吸引力，有助于绿色交通发展。

第七章

主要课程及学习工具

第一节　主　要　课　程

一、课程的主要类别

以哈尔滨工业大学 2016 版本科生培养方案为例,道路交通类专业的课程类别主要有:

(1)通识教育基础课

思想政治类课程、文化素质教育类课程、体育、大学英语、高等数学、线性代数、概率与统计、大学物理、物理实验、计算机科学基础、程序设计与算法语言等。

(2)大类学科基础课

画法几何与 CAD 制图、交通运输类专业导论、工程力学基础、土木工程材料、工程地质、工程测量、水力学、土力学、结构力学(Ⅰ)等。

(3)专业课

道路勘测设计、路基路面工程、结构设计原理、桥梁工程、交通规划、交通管理与控制、交通系统建模与仿真、交通地理信息系统等。

（4）全英文课程

土木工程材料、道路勘测设计、路基路面工程、桥梁概论等。

（5）双语教学课程

土木工程材料、路基路面工程、机场规划与设计、结构设计原理、桥梁工程等。

（6）研究型课程

交通运输类专业导论、路基路面工程、道路桥梁工程案例分析、功能性路面新概念、交通土建工程可持续发展、桥梁工程、钢结构与钢桥、大跨径桥梁、钢-混凝土组合结构等。

（7）主要实践环节

专业认识实习、地质工程实习、工程测量实习、道路勘测实习、路基路面工程实习、桥梁工程实习、交通工程实习、毕业实习、结构设计原理课程设计、路基路面工程课程设计、桥梁工程课程设计、毕业设计等。

二、各专业毕业学分要求

根据培养方案要求，道路工程方向需修满 171.5 学分，其中通识教育课程 65.5 学分，专业教育课程 96.0 学分，个性化发展课程 10 学分，毕业设计（论文）答辩合格，方可准予毕业。

桥梁工程方向需修满 172.5 学分，其中通识教育课程 65.5 学分，专业教育课程 97.0 学分，个性化发展课程 10 学分，毕业设计（论文）答辩合格，方可准予毕业。

道路材料工程方向需修满 171.0 学分，其中通识教育课程 65.5 学分，专业教育课程 95.5 学分，个性化发展课程 10 学分，毕业设计（论文）答辩合格，方可准予毕业。

交通工程专业学生应达到学校对本科毕业生提出的德、智、体、美等方面的要求，完成培养方案规定的全部课程学习及实践环节训练，修满 171 学分，其中通识教育课程 66 学分，专业教育课程 95 学分，个性化发展课程 10 学分，毕业设计（论文）答辩合格，方可准予毕业。

交通设备与控制工程专业学生应达到学校对本科毕业生提出的德、智、体、美等方面的要求，完成培养方案规定的全部课程学习及实践环节训练，修满 171 学分，其中通识教育课程 65 学分，专业教育课程 96 学分，个性化发展课程 10 学分，毕业设计（论文）答辩合格，方可准予毕业。

三、部分专业课简介

以哈尔滨工业大学 2016 版本科生培养方案为例，道路桥梁与渡河工程专业（道路工程方向、桥梁工程方向）专业基础课程包括：土木专业制图、交通运输类专业导论、测量学、理论力学、材料力学、结构力学、桥涵水文与水力学、交通土力学、土木工程材料、道路工程材料、结构设计原理等；专业核心课程包括：道路勘测设计、路基路面工程、桥梁工程、桥梁基础工程等。

道路桥梁与渡河工程专业（道路材料工程方向）专业基础课程包括：土木专业制图、交通运输类专业导论、测量学、理论力学、材料力学、结构力学、材料科学基础、无机材料性能、土木工程材料、道路工程材料、结构设计原理等;专业核心课程包括:道路勘测设计、路基路面工程、桥梁工程、混凝土材料科学、混凝土工艺学等。

交通工程专业专业基础课程包括:土木专业制图(1)、交通运输类专业导论、材料力学C、运筹学、工程地质与水文地质、路基路面工程B、交通工程基础、测量学A、城市规划原理、交通土力学、交通系统建模与仿真等;专业核心课程包括:交通系统工程、道路交通安全、交通规划、交通管理与控制、运输经济学等。

交通设备与控制工程专业专业基础课程包括:C语言程序设计B、交通运输类专业导论、数据结构与算法、运筹学、信号与系统、数据库系统及应用、交通工程基础、地理信息系统原理、自动控制原理C、EDA技术及物联网基础等;专业核心课程包括:交通系统建模与仿真、交通数据处理方法、交通地理信息系统、交通智能检测原理及应用、智能交通系统设计等。

下面对部分专业课程进行简单介绍:

(1)道路勘测设计

道路勘测设计是道路交通类专业本科生一门非常重要的专业课,具有理论与实际紧密结合、实践性强等特点,学生对这门课程的掌握程度直接影响到学生的专业素质以及就业后的业务能力。其研究对象是道路的几何设计,即道路的平面、纵断面、横断面几何设计,以及道路的选线和定线方法。

课程主要内容包括我国道路的现状及发展规划、道路勘测设计的依据和技术指标、道路勘测设计的阶段及程序、公路和城市道路的几何设计理论和方法等。同时,通过实地勘测设计的方式,使学生进一步掌握课程的内容。

该课程的目的是使学生掌握公路和城市道路勘测设计的基本原理,同时让学生掌握主流的设计方法和设计手段,为学生毕业后从事道路总体设计、路线设计、平面交叉和道路交叉设计等工作打下坚实的基础,同时为学生以后学习路基路面工程、道路施工技术、路面结构设计原理等课程提供知识储备。

(2)路基路面工程

路基路面工程是一门植根于工程实践、指向工程实践的工程专业课,需要学生加强对理论知识体系的构建以及实践能力的培养。在学习这门课程时,道路桥梁与渡河工程专业学生更注重实践能力,交通工程专业的学生更注重理论知识,但两者都需要通过实践来进行巩固学习,在未来的设计以及施工上,这门课程都会起到支撑作用。

课程主要内容包括路基路面工程的发展历程、路基防护结构的设计、沥青路面及桥面设计、混凝土路面设计、路基路面的施工技术、各种因素对路基路面的影响以及路基路面的评价等。

该课程的目的是使学生掌握路基工程和路面工程基本原理与方法,建立路基路面工程知识体系,训练学生路面工程实践能力。培育学生现代路面工程思维,使学生具备现代技术人员应有的写作表达、综合集成、科研创新、团队协作等素养。

(3)结构设计原理

结构设计原理是桥梁工程、建筑工程等专业的一门主干专业技术基础课程。其课程内容丰富,理论严谨,既包括大量的实验研究,又与现行规范、具体工程实践以及其他专业基础课相联系。

课程主要内容包括各种结构基本计算原则,学习各种受弯、受压、受扭、预应力、组合构件以及公路桥涵等结构的受力特性、设计原理、计算方法等。同时,通过施工现场参观的方法,增强学生对工程的认识。

该课程的目的是使学生能够掌握在桥梁及道路工程中常用的基本构件(钢筋混凝土构件)设计的基本思路与流程,为以后学习桥梁工程和其他道路构造物的设计计算奠定理论基础。

(4)桥梁工程

桥梁工程是道路桥梁与渡河工程专业的一门专业必修课,是非常重要的专业核心课。在培养学生进行桥梁工程设计、分析和施工管理等方面的综合应用和解决实际问题能力等方面具有重要的作用。

课程主要内容为桥梁总体规划和设计要点、桥梁设计荷载;梁桥、拱桥、刚架桥、斜拉桥、悬索桥的特点、构造、设计与施工;桥梁支座、桥梁墩台的构造、设计与施工。

该课程的目的是使学生掌握公路与城市道路中混凝土梁桥、拱桥的构造原理、设计理论和施工方法。着重培养学生桥梁工程设计、施工和维护方面的综合分析与设计能力,以及桥梁工程科学知识的应用能力,提高创新意识,锻炼解决实际工程问题的能力。

(5)交通工程基础

交通工程基础是交通工程专业的专业基础课,通过阐述交通流的基本特性、基本理论与一般原则,人、车、路与环境相互关联、相互作用的关系,以及交通参数的调查分析方法等,使学生初步了解交通工程学有关的基本概念、理论和方法,为进一步深入学习交通工程专业课程打下必要的基础。

课程以道路交通基本特性为研究对象,讲解道路交通的基本理论和研究方法,使学生掌握道路、车辆、交通参与者的有关交通特性,交通三参数(车速、流量、密度)特性及其他们的相互关系,描述交通流及其特性的基本理论、模型和方法,交通流及其有关现象的交通数据的调查与分析方法,停车设施的规划方法等。

该课程的目的是为交通规划、交通管理与控制等后续专业课程的学习储备基本概念和基本理论,其涉及的基础理论知识还广泛应用于一些新兴的研究领域。

（6）交通规划

交通规划是指在调查分析的基础上，研究未来交通需求、交通方式与土地开发的关系，确定交通系统的建设目标以及为实现该目标应采取的方针政策。作为交通工程专业学生的核心课程，其中既有大量深入的定量计算，也有许多对不确定因素的定性分析。

课程内容分为两大部分：一是交通规划理论与技术基础，包括面向交通规划的交通调查与数据分析、交通需求预测、交通网络分析、交通规划的综合评价方法；二是各专项规划的基本理论及方法。

该课程的目的是通过系统学习使学生掌握交通规划的基本理论与方法，设计并开发相关解决某些交通问题的方案；培养学生利用现代工具进行交通调查数据采集、利用现代软件进行交通供需分析和交通规划，研究实际交通工程问题的基本素质和能力。

（7）交通管理与控制

交通管理与控制的目的是在现有交通基础设施上，通过规划管理以及信号灯控制的方式来提高交通效率、减少环境污染、提高交通安全等。

课程内容分为交通管理和交通控制两部分。交通管理部分系统地介绍交通管理的基本概念、实施方法和策略；交通控制部分系统地介绍交通控制的原理、技术和设备。

课程内容包括交通现状诊断、交通运行管理、交叉口交通管理、城市交通管理规划、道路交通标志与标线、交通需求管理及交通影响分析等交通管理思想方法；交通控制基础知识及方法论、车流运动机理、交叉口的交通信号控制、交通感应信号控制、干道交通信号协调控制、区域交通信号控制系统、高速公路交通控制、交通控制智能化与一体化等交通控制理论与方法。

该课程的目的是使学生能够在现有的道路交通设施情况下，科学地采用交通管理与控制技术的各种交通治理措施，来提高交通效率以及交通安全。

（8）道路交通环境保护

道路交通环境保护是贯彻生态文明建设理念、在大学期间必修的一门环保概论课。课程主要立足道路交通，讲授由道路交通建设和运营引起的环境问题及其减缓措施。通过这门课，可以掌握与道路交通相关的环保理论和知识，学会针对道路交通线形带状污染分析环境影响，运用大气污染和环境噪声等方法预测和评价影响，也可以学习控制环境污染和破坏的工程措施和技术手段。

课程将用系统的方法分析道路交通建设和运营带来的污染和破坏，并用定量化方法来预测和评价这些影响。主要内容包括道路交通环境保护的含义、道路交通环境保护的国内外研究现状、道路交通污染的调查方法、预测原理和模型、环境影响评价的基本方法以及减缓道路交通环境影响的工程措施。

该课程的目的是使学生了解与道路交通相关的环境保护的主要概念，掌握道路交通建设对环境产生污染和破坏的类型、道路交通污染的调查方法和预测方法、道路交通环境影响评价的工作程序和内容,不断增强环境保护意识,为道路交通可持续发展贡献才智。

第二节 主要学习工具

一、办公学习软件

(一)Microsoft Office

Microsoft Office 是微软公司开发的一套基于 Windows 操作系统的办公软件套装。常用组件有 Word、Excel、Access、Powerpoint、FrontPage 等。随着知识经济时代以及互联网时代的到来,各单位对员工的素质要求越来越高,需要员工掌握多种计算机办公软件,其中最常用的软件之一就是 Office。对于道路交通类专业,需要掌握如下办公软件的基本功能。

(1)Word 文字处理

掌握文档的基本操作;查找替换文本;字符、段落格式化;页面设置,包括页眉页脚;插入批注、页码;添加边框和底纹、背景、水印背景;图文混排;绘图工具的使用,文件链接设置,各种表格的快速制作、排版,打印等。

大学期间,学生要会利用 Word 解决一些实际问题,例如,编写课程论文、毕业论文,以及按照论文要求修改文字、段落、页面的格式等。在大学期间,学有余力的同学还会参与一些研究课题或项目,涉及研究报告或项目报告的撰写等,这也需要熟练地掌握 Word 文字处理软件。

(2)Excel 电子表格

掌握 Excel 电子表格工作表的组成和单元格、工作表、工作簿的概念及常规操作方法;数据的统计与编辑;表格的美化、表格运算:条件格式、函数、自定公式的引用;图表的制作及编辑、数据透视表的应用与统计;用于财务其他部门的报表、数据统计分析等。

相对于 Word 而言,Excel 电子表格应用略少,但也是大学生需要掌握的基本软件之一。道路交通类专业部分课程需要同学们对实验数据或现场调查数据进行统计、整理和分析。譬如,测定交通量,测定车辆平均速度,对道路沥青材料试验结果进行分析处理,根据处理得到的数据绘制折线图、柱状图、画表格、计算函数等都会用到 Excel 电子表格。

(3)Powerpoint 演示文稿

掌握 Powerpoint 演示文稿的创建制作;文字及图形对象的声音效果及动画效果的设置;背景及模板使用;演示文稿的放映及编排等。

Powerpoint 演示文稿也是 Office 中应用最多的软件之一。大学期间,老师经常会采用

Powerpoint 的方式授课,除了参考课上笔记之外,课下结合他们的教学 Powerpoint 进行学习十分必要。另外,Powerpoint 主要应用于答辩和演讲。无论是上课还是奖学金答辩或者是演讲和辩论赛,其中让人眼前一亮的就是你所做的出色的 Powerpoint。在课堂上,你需要通过 Powerpoint 逐步讲解清楚你的观点;在奖学金答辩上,你需要通过 Powerpoint 来展示你的成绩与其他优秀之处;在演讲或者辩论赛上,你需要通过 Powerpoint 让别人了解你所强调的重点。

通过在大学期间对 Office 软件的学习与应用,学生在毕业之后通常会有较强的业务水平,可以解决大部分办公问题。例如,办公中常用的 Word 事务文书的拟写,如会议通知、会议记录、合同、工作总结、工作计划、发言稿、人事任命、公函、招标书、产品说明书、邀请函等;Excel 商务表格的应用,如人事档案、人员考勤、人员工资表、财务管理报表、经营月表、盘点表、数据处理等;Powerpoint 演示文稿的制作,如商务汇报、产品介绍、工作汇报、企业宣传、项目竞标、管理咨询等。

(二)Adobe Acrobat

Adobe Acrobat 是由 Adobe 公司开发的一款 PDF(Portable Document Format,便携式文档格式)编辑软件。借助它,能以 PDF 格式制作和保存文档,便于浏览和打印,或使用更高级的功能,也可以将 Word 文档转化为 PDF 格式以作他用。

大学期间会注重对大学生创新思维的培养,所以很多大学在大学一年级的时候就会鼓励学生参加大学一年级年度创新项目。在老师进行指导的同时,学生要自己查找合适的文献、专利去研读,以作为项目的参考内容。PDF 格式是文献最常见的下载格式之一,学生可在中国知网、万方数据库、Web of Science 等学术网站上下载所需文献(文献检索的方法会有课程专门讲授)以供项目参考使用。

二、规划设计软件

(1)AutoCAD

AutoCAD(Autodesk Computer Aided Design)是 Autodesk(欧特克)公司首次于 1982 年开发的自动计算机辅助设计软件,用于二维绘图、详细绘制、设计文档和基本三维设计,现已成为国际上广为流行的绘图工具。

绘图是道路交通类专业最基本的技能之一,而 AutoCAD 是大学中最常见的学习与使用软件。在此之前,需要学会手工绘图的基本操作,包括点、线、面投影的基本知识,立体投影制图,高程投影,以及组合体的投影制图。在对这些基本操作有了较为熟练的掌握之后,便要学习综合的绘图知识,例如,建筑施工图的绘制、结构施工图的绘制、路桥工程图的绘制、根据工程建筑模型绘制图纸等。

(2)TransCAD

TransCAD 是由美国 Caliper 公司开发的强有力的交通规划和需求预测软件,是为满足交通专业人员设计需要的地理信息系统,可以用于储存、显示、管理和分析交通数据,同时将地理信息系统与交通需求预测模型和方法有机结合成一个单独的平台,是世界上最流行的交通规划和需求预测软件,其在国内市场占有的比例高于1/2。

TransCAD 所提供的交通规划工具包括四阶段模型、快速响应方法、基于出行链(Tour-based)的模型、离散选择模型、货运模型和组合(Simultaneous)模型等。它提供从路段流量反推公路、载货汽车和公交流量的起讫点矩阵的方法、先进的公交规划和需求预测方法。

现阶段 TransCAD 软件在交通领域的热点问题主要有交通影响分析、OD 矩阵反推、预测城市道路交通量、交通分布研究、交通仿真分析等。TransCAD 具有出色的图形分析功能和良好的接口,但其核心是一个 GIS 软件,以路段为核心组织,对节点阻抗考虑不足。

(3)CUBE/TRIPS

CUBE 交通软件包是由美国 Citilabs 公司开发的一套卓越的交通模拟与规划软件系统,同时也是交通规划领域使用最广泛的软件之一。作为一套综合的交通模拟与规划软件系统,CUBE 拥有一套完整的用于交通规划的软件模块,支持完整的四阶段法规划模型。使用CUBE,用户能统计、对比和输出高质量的图形和各种类型的报告方法,快速生成决策信息。

CUBE 是一个工具,而不是一个模型,其最大优点就是可以根据不同城市、不同项目的需要按照一定的方法、流程来建立一套模型。它具有良好的建模系统性和分时段的出行生成模型,但在路阻函数和与其他软件的结合上存在不足。相对于 TransCAD 而言,CUBE 的市场占有率不高。

(4)EMME/2

EMME/2(城市与区域规划)系统最初由加拿大 Montreal 大学的交通研究中心开发,后为INRO咨询公司继承,并成为该公司的支柱产品之一。该系统为用户提供了一套内容丰富、可进行多种选择的需求分析及网络分析与评价模型,目前已在欧美亚非各大洲 48 个国家的 500 多个地区使用,其用户包括城市、都市区域、各种公共权力机构、公共交通机构、咨询公司和大学。

EMME/2 的市场占有比率较大,但由于上手困难、与 GIS 无接口等原因,其与 TransCAD 相比仍有差距,本科学生在大学期间用到的可能性不大。其功能强大,能够准确有效地得到路段交通流量、出行时长、空气污染指数等与交通相关的参数,广泛应用于交通客流预测、交通影响分析、建立各种出行模型以及交通评估等。

(5)Dr. Bridge

Dr. Bridge(桥梁博士)是由上海同豪土木工程咨询有限公司开发的一款桥梁计算软件系统。该系统是一个集可视化数据处理、数据库管理、结构分析、打印与帮助为一体的综合性桥梁结构设计与施工计算系统。其基本能解决桥梁设计中的绝大多数问题,建模简单方便,易于操作上手,是我国桥梁设计专业应用最多、最广泛的一款软件。

桥梁方向的学生在课程设计、桥梁实际运算上利用该软件进行建模,并可以提前施加预荷载,进行结构受力分析,通过有限元计算的方法观察是否达到预期效果,验证桥梁设计的合理性。

三、图像视频处理软件

（1）Photoshop

Adobe Photoshop,简称 PS,是由 Adobe Systems 开发和发行的图像处理软件,是目前公认的最好的、市场占有比率最大的通用平面美术设计软件。它的功能完善,性能稳定,使用方便,在几乎所有的广告、出版、软件公司中,都是首选的平面绘图工具。PS 支持几乎所有的图像格式和色彩模式,能够同时进行多图层的处理;它的绘画功能和选择功能让编辑图像变得十分方便;它的图层样式功能和滤镜功能给图像带来无穷无尽的奇特效果。

在大学时期,你可能会为班级设计班徽,为自己参加的社团设计海报、招贴,这就需要使用 PS 软件对图形进行处理;再者,如果你在某些学术网站递交人像资料,图片由于清晰度的问题不合格,也可以利用 PS 软件通过调整灰度、对比度等方式来使其满足要求。另外,在专业设计或科技项目中,你的效果图或一些其他的三维场景,其配色往往需要在 PS 软件中增加或调整。

（2）CorelDraw

CoerlDraw Graphics Suite 是加拿大 Corel 公司出品的平面设计软件,是一款矢量图形工具软件。这个图形工具给设计师提供了矢量动画、页面设计、网站制作、位图编辑和网页动画等多种功能。

相对而言,CorelDraw 主要做的是排版,并且是广告行业做印刷品最佳的制作软件。与 PS 软件对比,这两个软件在功能上的差距不大,而且与使用人群与地区有关,我国南方多用 CorelDraw,北方多用 PS。

（3）Adobe Illustrator

Adobe Illustrator,常被称为 AI,是一种应用于出版、多媒体和在线图像的工业标准矢量插画的软件。该软件主要应用于印刷出版、海报书籍排版、专业插画、多媒体图像处理和互联网页面制作等,也可以为线稿提供较高的精度和控制,适用于从小型一般项目到大型复杂项目的设计。

AI 和 PS 软件都是粗糙的单色像素图像设计,PS 偏向于像素图像设计,而 AI 更偏向于矢量图形设计。用 AI 绘制的图形可以放大而不失真,而 PS 就不可以,因为 PS 绘制的图形是利用像素点来画的,除非用矢量工具控制。所以设计师往往更偏向于使用 AI,而通过 PS 进行辅助修改以及后期处理。

（4）3Ds MAX

3D Studio Max,常简称为 3D Max 或 3Ds MAX,是 Discreet 公司（后被 Autodesk 公司合并）开发的基于 PC 系统的三维动画渲染和制作软件,其前身是基于 DOS 操作系统的 3D Studio 系列软件。在应用范围方面,广泛应用于广告、影视、工业设计、影视设计、三维动画、多媒体制作、辅助教学以及工程可视化等领域。

在道路交通类专业的应用主要是效果图的制作、道路虚拟行车环境的构建以及其他三维模型的构建等。当你设计一条道路或一座桥梁时,三维模型能产生直观、真实的渲染效果,一个优良的三维模型无疑会增加设计方案的直观性与竞争力。

四、仿真软件

（1）VISSIM

PTV-VISSIM 是一种微观的、基于时间间隔和驾驶行为的仿真建模工具,用于城市交通和公共交通运行的交通建模。它可以分析各种交通条件下,如车道设置、交通构成、交通信号、公交站点等城市交通和公共交通相关要素的运行状况,是评价交通工程设计和城市规划方案的有效工具。

大学期间,由于涉及软件专利的问题,可以利用 VISSIM 学生版进行学习。通过学习,可以独立设计简单的环形交叉口,以及双向六车道、八车道交叉口,并根据要求进行输入信号配时、车辆比例以及速度等参数,以观察交通状况,同时可以采集交通参数,如车速、行程时间、排队长度等,为今后深入掌握 VISSIM 打下基础。

（2）Paramics

S-Paramics 是一款在英国应用广泛的微观仿真软件。S-Paramics 的应用范围包括城市中心区和各种主次路。其具体应用包括道路环岛和各种交叉口设计、公共汽车优先措施和专用道、高速公路设计、车辆尾气排放控制、收费站点设置、城市交通控制、大区域的交通管理、道路施工管理、停车场的选址和管理以及事件管理等。

S-Paramics 的微观仿真功能比 VISSIM 更强大。VISSIM 主要应用于工程领域,S-Paramics 主要应用于研究领域。

五、数据分析管理软件

（1）Access

Microsoft Office Access 是微软把数据库引擎的图形用户界面和软件开发工具结合在一起的一个数据库管理系统。其功能十分完善,可以满足专业开发人员的需要。尽管如此,其学习难度较低,新手也可以十分轻松地学习和掌握该款软件,是一款最好的数据库入门工具。

Access 具有可视化的使用界面,这一点在所有数据库软件中是领先的,可以让人轻松地学习以及使用。Access 可以用来开发各种数据库相关的软件,利用 Access 可以轻松地建立起数据库之间的关系,并且在不用编写代码的情况下,模拟真实的业务情况,帮助非专业人员成为"懂管理、会编程"的复合人才。

（2）MapInfo

MapInfo 是美国 MapInfo 公司的桌面地理信息系统软件,是一种数据可视化、信息地图化的桌面解决方案。它依据地图及其应用的概念，采用办公自动化的操作，集成多种数据库数据，融合计算机地图方法，使用地理数据库技术，加入地理信息系统分析功能，形成了极具实用价值的、可以为各行各业所用的大众化小型软件系统。MapInfo 的含义是 Mapping + Information(地图＋信息)，即地图对象＋属性数据。

MapInfo 软件功能简洁明了，容易上手，更加方便非 GIS 专业人士使用和操作。但由于其高级功能较少，尤其在 Arcgis 功能逐步更新之后，改进较少，市场份额逐渐减少，转型成为总体解决方案供应商。

(3) Arcgis

Arcgis 于 1982 年被 ESRI 公司开发出来，是世界上第一个现代意义上的 GIS 软件、第一个商品化的 GIS 软件，为用户提供了一个可伸缩的、全面的 GIS 平台。并且，近些年来它不断更新发展，在我国市场占有率第一的地位难以动摇。原因有许多，最重要的两个原因是历史原因和技术原因。已故院士、GIS 奠基人陈述鹏老先生最早在国内推广 GIS 专业和概念时，ESRI 公司给国内新兴的研究团队提供了许许多多的帮助，老师便带着学生，一代一代地传授 GIS 知识，使得 Arcgis 在我国的地位越来越高。除此之外，技术原因也占有很大一部分因素，相对于 MapInfo 而言，Arcgis 更擅长分析，高级功能强，学习坡度大，适合专业人士。

对于交通设备与控制工程等专业的学生来说，GIS 领域知识是最需要掌握的内容之一，这就需要对 Arcgis 软件进行专门的学习。在本科学习中，会不断应用 Arcgis 软件完成包括制图、数据管理、空间分析、数据编辑和地理处理在内的从简到繁的各种 GIS 任务。该软件涉及方面颇多，包括编程、系统建模、系统分析等，需要学生进行长时间、深度的学习来掌握。学好了 Arcgis 软件，对学生来说将会终身受益。

六、编程软件

(1)C 语言

C 语言是一门通用计算机编程语言，广泛应用于底层开发。作为一种中低级的计算机语言，其语言简洁紧凑，使用方便灵活，运算符丰富，程序设置自由度大，容易学习，是许多高级计算机语言的基础，主要用于编写系统软件。

大学中设有专门的 C 语言课程来培养学生对计算机语言的掌握程度，其中学生适度的自学是有必要的。其内容包括基本数据类型、运算符以及表达式、选择结构、循环结构、数组函数、结构体等，通过课程上老师的讲述以及课下习题、上机实验等方式加强对 C 语言这门基础语言的理解与掌握。学习这门语言主要是为了使学生具有计算机语言基础，便于学习其他语言进行应用。

(2)Python

Python 是一种计算机程序设计语言，是一种动态的、面向对象的脚本语言。最初被设计用于编写自动化脚本(shell)，随着版本的不断更新和语言新功能的添加，越来越多地被用于独立的、大型项目的开发。

相较于 C 语言,Python 语言更加清晰简洁。想要掌握 Python 这门语言,需要道路交通类专业学生自学。其应用范围较广,如 YouTube、Facebook 等大型网站及其数据库的建立均使用 Python 开发,谷歌、百度公司的业务应用均大量使用 Python 开发,除此之外,国内外各大公司均使用 Python 完成各式各样的任务。

道路交通类专业中,Python 应用的主要领域在交通管理以及人工智能方面,通过机器学习的方法进行图像识别,获得交通网上的实时数据等。

(3)MATLAB

相对于以上两个软件而言,MATLAB 更偏向于数学软件,用于算法开发、数据可视化、数据分析以及数值计算的高级技术计算语言和交互式环境,主要包括 MATLAB 和 Simulink 两大部分。

MATLAB 的基本数据单位是矩阵,它的指令表达式与数学、工程中常用的形式十分相似,故用 MATLAB 来解算问题要比用 C、FORTRAN 等语言完成相同的事情简捷得多,并且 MATLAB 也吸收了像 Maple 等软件的优点,使 MATLAB 成为一个强大的数学软件。

道路交通类专业的学生进行编程多使用 MATLAB,原因是其编程环境十分优越。对于非计算机专业的学生来说,想要精通一门计算机语言实际上是很困难的,但 MATLAB 优越的编程环境对建立交通模型提供了很大帮助。MATLAB 由一系列工具组成,人机交互性强,相对于其他计算机语言来说操作更加简单便捷,其包括大量的计算机算法,算法均是科研和工程计算中的最新研究成果,学生在进行编程时可以直接使用部分算法,大大降低了工作难度。

第八章

典型工程实例

第一节　北京大兴国际机场

2016 年,英国《卫报》举行了"新世界七大奇迹"的评选,第二至六位依次为:沙特王国塔、港珠澳大桥、乌克兰切尔诺贝利核反应堆、麦加 Abraj Kudai 酒店、伦敦 Crossrail 工程、巴黎 FFR 大体育场。而位列"新世界七大奇迹"之首的,是当时尚未建成的北京大兴国际机场。

2019 年 9 月 25 日,在经历了七次综合模拟演练、三场验证试飞之后,北京大兴国际机场终于迎来"凤凰展翅"的高光时刻。这也意味着,北京将成为世界首个拥有双国际枢纽机场的城市。作为献礼新中国 70 周年的国家标志性工程,北京大兴国际机场造就了举世瞩目的世界奇迹。

一、概述

北京大兴国际机场(Beijing Daxing International Airport,IATA 代码:PKX,ICAO 代码:ZBAD),为 4F 级民用机场;位于我国北京市大兴区与河北省廊坊市广阳区交界处,距离北京天安门46km,距离廊坊市26km,距离雄安新区55km,距离首都机场67km;定位为大型国际航空枢纽、促进国家发展的一个新的动力源、支撑雄安新区建设的京津冀区域综合交通枢纽。

截至2019年11月,北京大兴国际机场拥有航站楼综合体建筑共计140万 m^2,可停靠飞机的指廊展开长度超过4000m,有"三纵一横"4条跑道(远期规划"四纵两横"6条民用跑道),拥有机位共268个;共开通国内外航线119条,已经建成了"五纵两横"的交通网络,1h通达京津冀,共通航城市112个。预计到2022年,北京大兴国际机场年旅客吞吐量可达4500万人次,超出大型机场指标的4倍。预计到2025年,其货邮吞吐量可达到200万t,起降架次达62万。

二、北京大兴国际机场的建设历程

北京新机场最早规划于2000年,当时北京首都国际机场尚能满足需求,因此北京大兴国际机场的建设并未被提上日程。2008年,随着北京奥运会的举办,北京首都国际机场3号航站楼投入使用,旅客需求得到了一定缓解,新机场暂时被搁置。2010年后,北京首都国际机场客流量迅速上升,2014年达到8365万人次,稳居世界第二,航班趋于饱和,新机场的建设已经迫在眉睫。

北京新机场曾有3处选址,最终选址确定为大兴区榆垡镇、礼贤镇与廊坊市广阳区交界处。原因是此处可有效满足周边机场的需求,避免形成资源重复配置。对于北京方面,北京南城一直是落后地区,无论从资源上还是从经济上与北部城区差距甚远,新机场的建设将极大带动南城的经济。对于河北、天津方面,新机场将有效加快京津冀一体化进程。

2014年12月15日,国家发改委批准北京建设新机场项目。

2014年底,法国ADP Ingenierie建筑事务所,携手英国建筑师扎哈·哈迪德定下了北京大兴机场最终设计方案。

2015年9月,新机场全面动工。

2016年,北京新机场主体工程开工建设,配套设施完成设计。

2017年3月16日,北京新机场航站楼混凝土结构封顶。

2017年6月30日,北京新机场航站楼钢结构顺利封顶。

2017年12月31日,航站楼核心区工程立面幕墙、屋面采光顶除为后续工序预留施工通道外,其余部位全部施工完成。

2018年4月28日,北京新机场航站楼前高架桥顺利合龙。

2018年9月12日,北京新机场航站楼全面进入精装修、机电安装、登机桥等施工作业阶段,空管终端管制中心全面进入精装修、机电安装阶段;中国航油储油罐主体工程完工,并完成试水试压;航空公司员工宿舍、航食配餐中心及配套业务用房等设施已完成主体结构封顶或即将完成封顶,进出场高架桥结构、场内综合管廊结构全线贯通。

2018年9月14日,北京新机场名称确定为"北京大兴国际机场"。

2019年5月13日,北京大兴国际机场成功试飞。

2019 年 6 月 30 日前全面竣工验收。

2019 年 9 月 30 日,北京大兴国际机场投入运营。

新机场设计采取"以人为本"的观念,设计为五指廊的造型,换句话说,是 5 条腿的放射形。从空中俯瞰,北京大兴国际机场犹如一只浴火重生的凤凰,寓意凤凰展翅,与北京首都国际机场形成"龙凤呈祥"的双枢纽格局。北京大兴国际机场鸟瞰图如图 8-1 所示。

图 8-1　北京大兴国际机场鸟瞰图

三、北京大兴国际机场的"世界之最"

(一)世界上最大的单体航站楼

北京大兴国际机场占地 140 万 m^2,航站楼面积 70 万 m^2,相当于北京首都国际机场 1 ~ 3 号航站楼面积的总和,以及 7 个国家大剧院,是目前世界最大规模的单体航站楼。巨大的空间导致乘客需要远距离移动,北京大兴国际机场为了避免这种情况,采用放射状构型,有很强的接纳能力,相比同等规模航站楼,近机位更多、乘机步行距离更短,如图 8-2 所示。五指廊的近机位多达 79 个,使得从航站区中心到最远登机口仅 600m,仅需步行 8min,减少了乘客到登机口的劳顿。大体量的背后是叹为观止的耗材量。机场钢结构总量超过 13 万 t,相当于 2 座"鸟巢",或 18 座埃菲尔铁塔,这个数字对于机场而言堪称惊人。

(二)世界上施工难度最高的航站楼

北京大兴国际机场创造了数项世界之最,也意味着其设计和施工要解决许多世界级难题。无论是地铁与航站楼的结构转换,还是屋顶的钢结构支撑,技术难度之复杂都超乎想象。最大的施工难点为航站楼,航站楼南北长 1753m,东西宽 1591m。为使公共空间最大化,简化建筑形式,将 C 形柱顶部与气泡天窗相接,屋面与承重结构一体化。这也意味着足以囊括"鸟巢"的大厅,几乎没有任何的立柱,仅使用 8 根 C 形柱支撑,开放空间间距能放下整个"水立方",如图 8-3 所示。施工难度堪称世界之最。

图 8-2 北京大兴国际机场航站楼

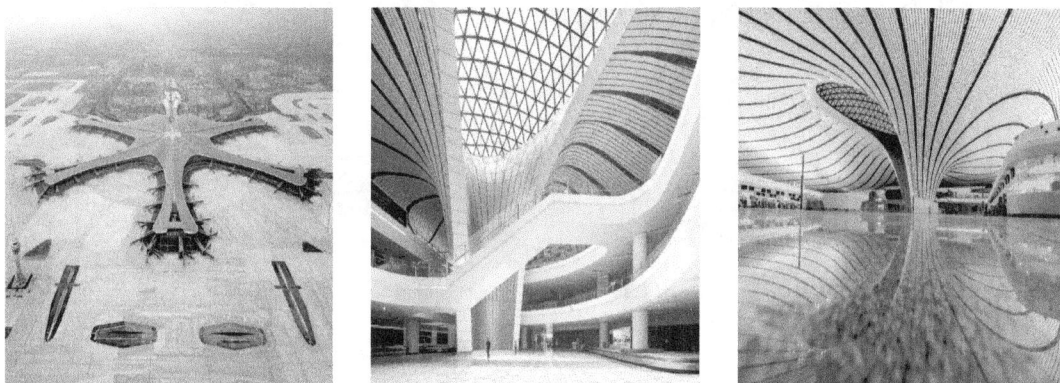

图 8-3 北京大兴国际机场内部

（三）世界上最大的屋顶面积

北京大兴国际机场的屋顶投影面积高达 18 万 m^2，可以容纳 25 个足球场，跟"鸟巢"面积等同，超过迪拜世界中心和伊斯坦布尔第三国际机场，是世界上最大的屋顶。整个航站楼一共使用 12800 块玻璃，单自由曲面的屋顶玻璃就超过 8000 块，由超过 60000 根连杆接起 12300 个球形节点。每一个杆件和球形节点连接处的三维坐标都不相同，意味着屋顶的 8000 多块玻璃没有一块相同，屋顶中心由巨大六边形天窗、6 条条形天窗以及 8 个气泡窗相互连接，将机场内部变成一个巨大的光庭，大大增加了施工难度，如图 8-4 所示。

（四）世界首个高铁下贯穿航站楼的机场

北京大兴国际机场担负着京津冀综合交通的重任，是世界上首个高铁下贯穿航站楼的机场，如图 8-5 所示。除了计划中的地铁北京新机场线、京霸高铁、廊涿城际铁路、S6 线之外，还预留了 2 条轨道，一共 6 条地铁，高铁和城际铁路贯穿航站楼地下，将京津冀紧密相连。从北京市内，无论通过何种公共交通渠道，都能便捷地到达机场的核心区域，极大地缓解了交通阻塞和出行不便。

图8-4　北京大兴国际机场屋顶

图8-5　北京大兴国际机场高铁

（五）全球最大的单体隔振建筑

如此众多的轨道交通在机场下方通过,必然会产生较强的振动和风压。此外,北京大兴国际机场作为国际级工程,需要在遭遇重大灾害时确保结构完好,除维持正常运作外,发挥灾后救援基地的作用。北京大兴国际机场采用国内首创的"层间隔振技术"。即在上部结构和振动区之间,设置一层柔软的隔振层,减少振动区的振动向上传递,降低上部结构的振动幅度。独创的"层间隔振技术",完美解决了轨道交通对接产生的强烈振动,加上超稳定钢结构,使机场抗震设防烈度可以达到8度,同时足以抵御17级台风,安全指数超高,如图8-6、图8-7所示。

图8-6 隔振示意图

图8-7 减振层结构

（六）世界首个"双进双出"航站楼

为了解决交通拥堵问题,北京大兴国际机场还使用了两层出站、两层进站的设计,成为世界首个"双进双出"的航站楼,如图8-8所示。航站楼采用双层出发高架桥设计。双层桥分别对应航站楼的第三层和第四层,国际出发走上层,国内出发上下两层均可。第三层是与国内安检平行的楼层,中部可以进行自助取票、自助行李托运等。第四层中部为国际办票柜台和行李托运,两侧则可以办理国内航空业务。

图 8-8　航站楼"双进双出"示意图

(七)全国首次应用"全构型"跑道

北京大兴国际机场飞行区的 4 条跑道,为我国首次采用"三纵一横"全构型布局。结合北京周边的空域条件等,修建了三条南北方向跑道、一条东西方向跑道。这不仅极大地减少了地面滑行时间,提高运行效率的同时还做到了节能减排。预计每年可节约 1.85 万 t 飞机燃油,相当于减少 5.88 万 t 碳排放量。由于机场地处于北京大兴和河北廊坊之间,从华南、华东、西南方向进出机场的客机,总运行时间相比北京首都国际机场将节约近 40min。

四、北京大兴国际机场的"黑科技"

5G 信号全覆盖、全流程自助、无纸化通行、"刷脸"登机、智能安检成为北京大兴国际机场的全新标配。

旅客在北京地铁草桥站,就能提前便捷地办理值机以及托运行李的手续。机场自助设备引入人脸识别等技术,旅客在值机时身份信息和人脸信息会自动匹配,无须打印登机牌。旅客可以通过电子行李牌,实时获取和查看行李的位置信息。安检环节,旅客可通过自助验证完成,直接登记,无须出示证件。3s 内查询旅客过检信息,自动回传行李托盘。停车楼引入自动导引(AGV)停车机器人,旅客将车开进交接站即可离开,停车、取车等工作将由机器人代劳。

第二节　港珠澳大桥

2018 年 10 月 23 日,世界上最长的跨海大桥——港珠澳大桥正式开通。10 月 24 日上午 9 时,港珠澳大桥正式通车,从香港出发的车辆到达珠海、澳门仅需 30min。从这一刻起,粤港澳三地正式进入了"1 小时经济圈"。

港珠澳大桥是近年来桥梁领域备受关注的项目,在港珠澳大桥开通仪式上,习近平总书记强调,港珠澳大桥体现了一个国家逢山开路、遇水架桥的奋斗精神,体现了我国综合国力、自主创新能力,体现了勇创世界一流的民族志气。这是一座圆梦桥、同心桥、自信桥、复兴桥。

一、概述

港珠澳大桥(英文名称:Hong Kong-Zhuhai-Macao Bridge)是我国境内一座连接香港、广东珠海和澳门的桥隧工程,位于我国广东省珠江口伶仃洋海域内,为珠江三角洲地区环线高速公路南环段。

港珠澳大桥分别由三座通航桥、一条海底隧道、四座人工岛及连接桥隧、深浅水区非通航孔连续梁式桥和港珠澳三地陆路联络线组成。其中,三座通航桥从东向西依次为青州航道桥、江海直达船航道桥以及九洲航道桥;海底隧道位于香港大屿山岛与青州航道桥之间,通过东西人工岛接其他桥段;深浅水区非通航孔连续梁式桥分别位于近香港水域与近珠海水域之中;三地口岸及其人工岛位于两端引桥附近,通过连接线接驳周边主要公路。

港珠澳大桥全长55km,其中包含22.9km的桥梁工程和6.7km的海底隧道,隧道由东、西两个人工岛连接;桥墩224座,桥塔7座;桥梁宽度33.1m,沉管隧道长度5664m、宽度28.5m、净高5.1m;桥面最大纵坡3%,桥面横坡2.5%内、隧道路面横坡1.5%内;桥面按双向六车道高速公路标准建设,设计速度100km/h,全线桥涵设计汽车荷载等级为公路-Ⅰ级,桥面总铺装面积70万m²;通航桥隧满足近期10万吨级、远期30万吨级油轮通行;大桥设计使用寿命120年,可抵御8级地震、16级台风、30万吨级船舶撞击以及珠江口300年一遇的洪潮。图8-9、图8-10为港珠澳大桥部分图。

图8-9 港珠澳大桥(一)

二、港珠澳大桥的建设历程

港珠澳大桥的前身是原规划中的伶仃洋大桥。20世纪80年代初,香港、澳门与我国内地之间的陆地运输通道虽不断完善,但香港与珠江三角洲西岸地区的交通联系因伶仃洋的阻隔而受到限制;90年代末,受亚洲金融危机影响,香港特别行政区政府认为有必要尽快建设连接港珠澳三地的跨海通道,以发挥港澳优势,寻找新的经济增长点。

图8-10 港珠澳大桥(二)

1989年,珠海市政府首次公布伶仃洋大桥计划;1998年,中国国务院正式批准伶仃洋跨海大桥工程项目;2003年,伶仃洋大桥项目被港珠澳大桥项目取代;2003—2009年,大桥的前期工作完成,中国国务院批准建设港珠澳大桥。

2009年12月15日,港珠澳大桥正式开工建设。

2010年8月3日,港珠澳大桥珠澳口岸人工岛填海工程抛石出水。

2011年9月11日,港珠澳大桥岛隧工程西人工岛最后一个钢圆筒振沉成功,西人工岛顺利成岛。

2013年5月7日,港珠澳大桥首节沉管在水下对接人工岛端口;6月3日,大桥首个承台墩身整体安装到位;12月3日,大桥首片组合梁架设完成,桥梁施工由下部结构转向上部结构进行。

2014年1月19日,港珠澳大桥深海区首跨钢箱梁架设成功;8月19日,大桥岛隧工程第12节海底隧道沉管安装成功,工程建设推进至隧道最深处。

2015年1月8日,港珠澳大桥主体工程青州航道桥主塔成功封顶;2月3日,九州航道桥206号墩上塔柱整体竖转提升完成,为我国国内首次采用整体竖转提升的方式安装上塔柱;青州航道桥56号墩索塔"中国结"结形撑首个节段吊装成功;8月23日,江海直达船航道桥首座钢索塔完成吊装;9月6日,港珠澳大桥208座海上墩台全部完工;11月22日,九洲航道桥段主体完工。

2016年2月28日,港珠澳大桥所有桥墩和人工岛主体工程完成;6月29日,大桥主体桥梁全线合龙;9月27日,大桥主体桥梁工程贯通。

2017年3月7日,港珠澳大桥海底隧道最后一节沉管安装成功;3月26日,沉管隧道最终接头钢壳混凝土浇筑完成；4月10日，珠海连接线拱北隧道贯通；5月2日，岛隧工程海底隧道的最终接头在伶仃洋主航道吊装下沉对接完成。

2017年5月22日，海底隧道最终接头安装成功；7月7日，港珠澳大桥主体工程全线贯通；12月28日，大桥主体工程桥面铺装完成；12月31日，88辆大巴车和工程车开过港珠澳大桥。

2018年1月1日，港珠澳大桥全线亮灯，主体工程具备通车条件；2月6日，大桥主体工程完成交工验收。

三、港珠澳大桥的"世界之最"

港珠澳大桥建设创下多个世界之最，这是一座人类建设史上迄今为止里程最长、投资最多、设计使用寿命最长、施工难度最大、建设环境最复杂、技术最复杂、工程规模最庞大、海底沉管隧道最长、钢结构桥体最长、钢桥面铺装规模最大的跨海公路桥梁。

（一）全球最具挑战的跨海项目

港珠澳大桥为全球第一例集桥、岛、隧道一体的跨海大桥，建设难度极高。其人工岛工程量最大、技术难度最高。桥-岛-隧集群的主体工程，是港珠澳大桥工程量最大、技术难度最高的。承建方在世界范围内首次提出深插式钢圆筒快速成岛技术，用120个巨型钢筒直接固定在海床上插入海底，然后在中间填土形成人工岛，如图8-11所示。每个圆钢筒的直径22.5m，几乎和篮球场一样大，高度55m，相当于18层楼的高度，而重量达到550t，相当于一架A380"空中客车"。一系列新工艺新设备的研发应用，仅用半年多时间就完成两个人工岛的筑造，创造了世界工程的奇迹。

图8-11 港珠澳大桥快速成岛技术

（二）海底沉管隧道

港珠澳大桥长达6.7km的海底沉管隧道是当今世界上最长、埋深最深、综合技术难度最高的沉管隧道,最深处位于48m深的海底,第一次做到了海底隧道"滴水不漏",岛隧工程示意如图8-12所示。隧道由33节预制沉管以及一个长约12m、重达6500t的"最终接头"拼接而成,建设者们花了4年时间,创造了"一年十管"中国速度、"半个月内连续安装两节沉管"、"最终接头毫米级偏差"等一项项震撼人心的世界纪录。在岛隧工程的设计建设中,形成的发明专利、新型实用专利达到400多项。

图8-12 岛隧工程示意图

(三)直逼"技术极限"

这条被外国工程师感叹其工程难度"直逼技术极限"的海上"巨龙",能抗16级台风、8级地震,它的设计使用寿命长达120年,超出目前世界上的跨海大桥普遍的设计使用寿命20年,这些数字,也成就了港珠澳大桥在当今世界大桥建设史上的多个第一。

四、港珠澳大桥建设的"工程师精神"

2005年底,林鸣第一次接触港珠澳大桥项目。这座连接珠海、澳门和香港三地的大桥,需全面考虑建设条件,必须在55km的全长中铺设6.7km外海沉管隧道。然而,外海沉管隧道施工核心技术被业内人士称为"全世界最困难、最复杂的技术",当今世界只有极少数国家掌握,而当时我国在此领域的技术积累几乎是一片空白。面对国外15亿元难以接受的价格,林鸣抱着"破釜沉舟"的心态,在这条没有中国人走过的道路上迈出了第一步。面对这条跨海通途的筑梦之路,林鸣对团队成员说:"即使我们的起步是0,我们往前走一步也会变成1。"我国工程师们选择了自主攻关,他们面临着相当大的难度和挑战。施工过程如图8-13所示。

为技术攻关,林鸣每年要带着团队开上千次大大小小的讨论会,没有成果绝不散会。在一次次的讨论中,神秘的世界级难题的解答思路日益优化、逐步成熟。项目自建设以来进行的百余项试验研究和实战演练实录、获得百余项专利的十几项自主研发的专用设备和系统成果,以及十余项外海沉管安装世界级工程难题攻克经验,汇集成了一部代表世界顶级工程技术水平的《外海沉管隧道施工成套技术》。这项全世界最困难、最复杂的外海沉管建设难关在林鸣与团队的一次次讨论、实践中被攻破。

图 8-13　海底沉管隧道施工示意图

当我国突破外海沉管隧道技术后，当时开出天价咨询费的荷兰公司，反过来邀请林鸣去进行技术经验交流，并且主动升起中国国旗、奏响中国国歌以示敬重与欢迎。

第三节　雅康高速公路

2018 年 12 月 31 日上午 8 时 30 分，经过 4 年多建设，长达 135km 的雅康高速公路全线通车，正式向社会开放。作为四川甘孜藏族自治州的首条高速公路，与蜿蜒曲折的国道相比，它将成都至康定的行车时间，由原来的 7 个多小时，缩短到现在 3 个多小时。

雅康高速公路对于雅安乃至整个西部的道路交通路网结构完善都有着重要意义。作为连通康藏的快速通道，它完善了四川西部地区的公路网，更加凸显了雅安川西交通枢纽的区位优势。游客可以先到雅安品味茶文化发源地的悠远神韵，再经雅康高速公路行车 2 个多小时前往康定一览康巴文化，大幅度推动了区域经济的发展，为甘孜藏区经济发展打通了"主动脉"。

一、概述

雅康高速公路东起雅安市对岩镇，经过天全县、泸定县，西至康定市炉城镇，是位于四川西部雅安到康定的一条高速公路，也是四川省高速公路网"16-5-5"规划中 5 条东西横线之一康定至泸州公路的重要组成部分。同时，也是国家高速公路网规划中展望线雅安过拉萨市至新疆叶城高速公路的一段，是川藏高速公路的一段，如图 8-14 所示。

雅康高速公路从四川盆地向青藏高原延伸，将穿越深山峡谷的横断山区，全线几乎"脚不沾地"。路线全长约 135km（其中雅安段 89km，甘孜段 46km，甘孜州境内约 55km），全程设计速度 80km/h，路基宽 24.5m，投资估算 230 亿元。

图 8-14 雅康高速公路

雅康高速公路的建设面临安全、经济、生态、便捷等一系列重大技术经济问题的挑战。控制性工程二郎山特长隧道长 13.4km,长度居全国在建高速公路隧道第二;泸定大渡河兴康特大桥主桥跨径达 1100m,在同类桥型中居全省第一;长达 30km 的隧道群穿越高山峡谷,工程施工极其困难。雅康高速公路桥隧比高达 82%,是目前全国桥隧比最高、施工难度最大的高速公路之一,全线的海拔高差达到 1900m。

二、"五个极其"的严峻挑战

蜀道难,难于上青天。想要在四川腹地修建进藏公路,其难度可想而知。早先在修筑川藏公路时,就有人说,这是我国筑路史上最艰巨的公路之一。到了雅康这条通往甘孜藏区腹地的高速公路,难度再次提高。在项目建设的过程中,它面临着"五个极其"的严峻挑战,可以说是公路建设史上的"珠峰"。

(1)地形条件极其复杂。项目位于四川盆地向青藏高原过渡段内,海拔快速爬升,地貌类型复杂多样、地形狭窄陡峻、沟壑纵横、起伏巨大,路线布设受限,拆迁安置困难。

(2)地质条件极其复杂。穿越龙门山断裂带,地震烈度高,二郎山特长隧道穿过 13 条断裂带,泸定大渡河兴康特大桥处于 Y 字形活动断裂区域,滑坡、泥石流、崩塌等不良地质发育。

(3)气候条件极其恶劣。穿越不同的气候垂直分布带,高海拔路段的雨、雪、冰、雾、风等恶劣气候影响时间长。

(4)生态环境极其脆弱。穿越大熊猫栖息地自然保护区、珍稀鱼类保护区,环境敏感点多,工程建设的环境保护、水土保持工作任务艰巨。

(5)工程施工极其困难。项目反复与 G318 线、水电设施交叉干扰,安全风险高;30km 长的隧道群穿越高山峡谷,施工便道布设于悬崖峭壁,材料运输、隧道弃渣、电力供应极其困难。

三、雅康高速公路的重点工程

(一)二郎山特长隧道

新二郎山隧道,全长13459m,穿越二郎山,是我国在建及通车第四长公路隧道,也是我国高海拔地区长度最长的高速公路隧道。连接雅安市天全县和甘孜州泸定县,是成都平原进入甘孜藏区第一座高速公路特长隧道,被誉为"川藏第一隧"。新二郎山隧道穿越多条区域性断裂带,存在断层破碎带、岩爆、瓦斯、大变形、高压突泥突水等不良地质灾害。相比老二郎山隧道,新隧道低了700多米,长度由4km,延伸到了13.4km,如图8-15所示。

图8-15 二郎山新老隧道对比

二郎山特长隧道是雅康高速公路全线控制性工程,隧道位于8度高烈度地震区,地质条件极其复杂,灾害多,隧址穿越13条区域性断裂带,被誉为"川藏第一隧"。为保护大熊猫栖息地,在世界上首次采用从斜井从主洞反向施工。

雅康高速公路于2014年正式开工,而13.4km长的二郎山特长隧道因施工难度大,提前于2012年开工建设,一条隧道便耗时5年。从雅安到康定的温差达到10℃,且全线气候多变,尤其是二郎山的阴晴两重天,以及长上坡和长下坡;高边坡、隧道群及雨雪对后期运营维护提出了永久挑战,修建过程中的地质灾害为维护工作带来了巨大挑战。这里地质条件极其复杂,平均每天,施工队伍会用掉1t炸药进行爆破,但平均每天也只能掘进3.6m。为了规避岩爆对施工人员的伤害,工人们戴上钢盔、穿上防弹服进行施工作业,除采用常规措施外,研制了岩爆防护台架,有效保证了施工人员的安全。由于爆破施工,隧道中会产生很多灰尘。为了降低扬尘、确保隧道内施工人员正常呼吸,施工队伍发明了"水幕降尘"。施工区安装了液压防护棚,每开挖一段隧道,马上用弧形钢架顶住隧道顶端,以支撑断面岩体、稳固洞体。

隧道设置了两处多功能交通转换带,以提高救援应急、洞内维修交通能力。隧道设置了自然风道,利用自然风辅助通风,采用三区段送排式通风方案,降低了运营通风费用,实现节能减排。对重大潜在风险,采用了超预期设计理念。隧道穿越区域断裂带,采取隧道断面整体扩大40cm的抗震措施,预留震害加固空间,加固后不降低隧道服务水平,软岩段采用三台阶七步流水开挖法,硬岩段采用全断面开挖,保证施工进度以及施工安全。

就这样,新二郎山隧道顺利打通。由于海拔较低,受天气影响较小,就算下雪,隧道口的积雪也能很快被清除,一到冬季就限行的问题,再也不会出现在这条通道上了。新二郎山隧道通车后,翻过二郎山仅需15min,比过去缩短了整整45min。除此之外,为了提高行车舒适度,新二郎山隧道采用景观照明的方式,进一步降低了行车安全风险,天堑成通途。

(二)泸定大渡河大桥

雅康高速公路的控制性工程(重难点工程)主要是"一桥一隧","一隧"即二郎山特长隧道,"一桥"则是泸定大渡河兴康特大桥。

泸定大渡河大桥是一座建设在高海拔、高地震烈度带、复杂风场环境下的超大跨径钢桁梁悬索桥。全桥长1411m,主跨长1100m,为四川第一跨径悬索桥。这个大桥跨越鲜水河、龙门山等三个地震断裂带,山体岩层破碎,随时都有塌方的可能。且施工场地狭窄,材料进出场十分困难。因其施工难度大,建设要克服很多世界难题,也被称作"川藏第一桥"。大渡河特大桥主墩高度达到了188m,桥面高度也比大渡河河面整整高出了239m,即将近70层楼的高度。试想一下,站在桥上向下俯瞰,河水咆哮着通过,河面上满是旋涡,是何等壮观,如图8-16所示。

图8-16 泸定大渡河大桥

由于地处高原,施工现场的昼夜温差也达到了15℃,"早上晚上很冷,中午又有点热"。但又因为在桥上作业,工人们穿着不宜过厚,只能忍耐冷热交替的折磨。除了温差和地形限制,兴康特大桥位于河谷之中,气象条件多变,风场十分紊乱,瞬间风速能达到32.6m/s,相当于12级台风的风速,所以工人们还得扛住峡谷的"妖风"。每天下午三四点时风最大,施工队伍自制了测风系统,只要风速超过6级,工人便停止施工。有技术人员还回忆说,早期现场勘查时,爬山得四肢并用、扯着青草,因为风大到"人完全站不起来"。

不同于常见的大桥,泸定大渡河特大桥并没有在大渡河中修建桥墩,它是一座索桥,是用两岸的锚和主墩来支撑起整个桥面。什么是锚?形象来说,类似于在大渡河两岸分别修一个很重的钢筋水泥块,把大桥钢索系在锚上,利用锚的重量,把钢结构的桥面给"绷直",供来往车辆通过。大桥康定端的地形相对开阔,因此修建了一个面积达 5000m² 的重力锚,相当于 13 个篮球场大。但在大桥雅安端,地势陡峭,如果要修重力锚,就得开山凿路,耗资巨大不说,将严重破坏当地的生态环境。因此,在大桥雅安端,施工队伍选择修建一个隧道锚:向山体斜下方开凿一个长达 159m 的隧道,再把上百根钢缆固定在隧道尽头。形象一点讲,就像在山体里浇筑一个巨大的膨胀螺钉,把钢缆拴在上面,从而利用整座山的力量,支撑起索桥的巨大拉力。泸定大渡河特大桥的隧道锚,隧道长达 159m,是目前世界上最长的隧道锚,可以承受索桥 2.8 万 t 的拉力。

大桥首次在四川省内采用无人机牵引先导索过江;首次在国内高海拔复杂强劲风场条件下采用绳索吊装系统假设千米级钢桁梁;首次将防屈曲钢支撑用作悬索桥的中央口;首次将波形钢腹板与混凝土顶底板的组合结构作为桥塔横梁。其建成通车不仅是弘扬"两路精神",攻坚克难,实现古老大渡河上史无前例的千米级桥梁的跨越,更是弘扬"工匠精神",精益求精,建造超级工程能力的跨越。

(三)大杠山隧道

雅康高速公路全线中最难的节点工程——约 28.7km 的隧道群,汇集了一批施工难度巨大的特长隧道,其中包括周公山特长隧道、喇叭河特长隧道、飞仙关特长隧道、紫石特长隧道、喇嘛寺隧道以及大杠山隧道。雅康高速公路大杠山隧道是雅康高速公路泸定至康定段隧道群中的控制性工程,隧道左线全长 4730m、右线全长 4723m,隧道口在海拔 2016m 的悬崖上,这是建设者们"做梦都想不到"的艰难。

要进行隧道掘进施工,首先得修通 G318 国道至隧道口的便道,解决出渣、水泥、钢材的运输问题。于是,中国版"史迪威公路"的二十四道拐出现了。这个二十四道拐,就是为了雅康高速公路大杠山隧道施工而修建的施工便道,如图 8-17 所示。

便道从 2014 年 9 月开始修建,到 2015 年 11 月完工,历时共 14 个月才修完。8960m 的里程、630m 的高差、24 个弯道,俯视之下,能清晰地看到便道呈"之"字形,不断向大杠山上爬升,最后抵达隧道施工的一处斜井。又因便道盘山而上、坡陡弯急、相对高差大、运输风险极高、管理养护难度大、安全风险极高,所以也被称为"天路",必须"修通天路才能建天路"。由于高差太大、地质复杂,便道每公里的造价为 600 万元,算下来,二十四道拐的造价为 5400 万元。光是一条便道,就能窥得大杠山隧道施工的不易了,更不要说在打隧道的过程中遇到的那些艰辛困苦。

图 8-17 二十四道拐

四、雅康高速公路的环境保护

雅康高速公路跨越许多景区,在设计上,除了以安全为灵魂,还处处体现环保意识。二郎山隧道方案设计之初,采取的是绕行大熊猫栖息地保护区的方案。也就是说,从天全县新沟村往西南方向继续修道路,然后在老二郎山隧道附近再建设一条新的隧道到达泸定县境内。"但这个方案存在高速公路新建里程长、积雪冰冻严重等问题,而且对大熊猫保护区有影响",相关专家在采访中介绍。

为了给大熊猫让路,四川省公路设计院的方案采取"截弯取直"的模式,从新沟处提前钻洞,通过 13.4km 的二郎山隧道与泸定县相连,二郎山特长隧道的进出口,均设置在保护区外。经过四川省世界遗产办公室的评估,最终通过了四川省公路设计院设计的新方案。新的方案在二郎山大熊猫保护区外围,减少了近 8km 的道路里程,避免了对大熊猫栖息地造成破坏。

除了给大熊猫让路,雅康高速公路在设计时,还先后为茶马古道、跑马山等景点让路。在新沟段,原方案是雅康高速公路过桥,跨越 400m 的茶马古道,但修桥必将对茶马古道产生影响,为了减小对茶马古道的破坏,就改用了隧道。

第四节　杭州城市大脑

随着智慧时代的到来,智能化成果和大数据信息的利用被当作是推动城市治理、解决城市病的一大机遇,"城市大脑"应运而生。它以互联网为基础设施,基于城市所产生的数据资源,对城市进行全局的即时分析、指挥、调动、管理,最终实现对城市的精准分析、整体研判、协同指挥。如果把交通、能源、供水等这些散落在城市各个单元里的数据比作"神经元",那么"城市大脑"就能将这些数据连接起来,相当于打通了"神经元系统"。

一、概述

什么是"城市大脑"？通俗地说,就是利用人工智能、大数据、物联网等先进技术,为城市交通治理、环境保护、城市精细化管理、区域经济管理等构建一个后台系统,打通不同平台,推动城市数字化管理,类比人脑,如图 8-18 所示。城市大脑是支撑未来城市可持续发展的全新基础设施,其核心是利用实时全量的城市数据资源全局优化城市公共资源,即时修正城市运行缺陷,实现城市治理模式突破、城市服务模式突破、城市产业发展突破。

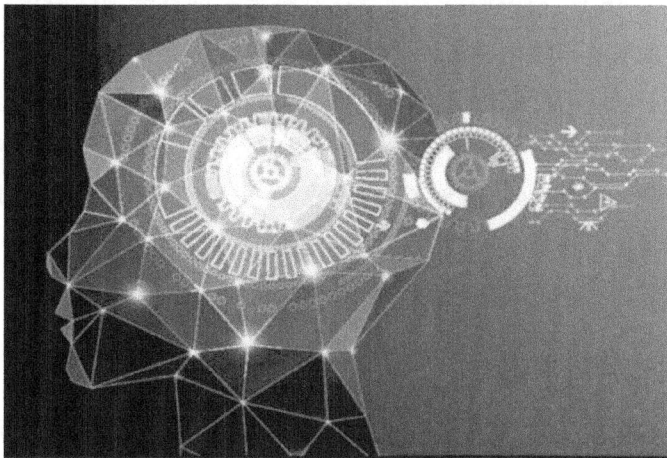

图 8-18 城市大脑思想

从阿里云对城市大脑总体结构的解读,交通、交警部门和公交系统是主要的数据来源和应用场景所在。实际上,在智能交通行业最早出现"大脑"这个概念大约是在 2006 年,当时的"交通大脑"与我们现在所指的"交通大脑"含义不尽相同,可以说如今的"交通大脑"是来源于 2016 年杭州云栖大会上提出的"城市大脑"概念的延伸,"城市大脑"是引爆"交通大脑"的一根导火线。目前,不单单是阿里在提"交通大脑"这个词汇,百度、滴滴等互联网公司也在提,传统智能交通企业、行业用户都在提。"交通大脑"不再是一个专业名词,它已经成为一个营销词汇。

二、杭州城市大脑的发展历程

伦敦向世界输出了地铁,纽约向世界输出了电网。今天,杭州城市大脑要为全球化、数字化时代的城市治理和城市服务提供"杭州方案"。

杭州城市大脑起源于 2016 年 4 月,从交通治堵开始,逐步扩大应用领域。

2016 年 10 月,"城市大脑"在 2017 云栖大会上正式发布。

2017 年 11 月,城市大脑与其余三家平台一同入选"国家新一代人工智能开放创新平台"名单,城市大脑在改善城市交通治理方面的成效得到官方认同。

2018 年 5 月,杭州市发布我国首个城市数据大脑规划,时限为 5 年,规划首次确定了城市大脑未来各阶段的主要建设目标和应用领域。

2018 年 9 月,城市大脑发布 2.0 版,管辖范围扩大了 28 倍。

2018 年 10 月,杭州市委在云栖小镇召开打造全国数字经济第一城动员大会,城市大脑建设也进入了快车道,"成长履历"被加速填充。

2018 年 12 月,城市大脑(综合版)发布,城市大脑步入 3.0 建设阶段,由交通正式延伸至产业发展、旅游服务、生态环保等领域。

2019 年 4 月 13—16 日,杭州城市大脑受邀赴香港参展香港国际资讯科技博览会。这是城市大脑第一次登上重磅国际化展览的舞台,展现的是杭州全新的创新模式、杭州数字经济产业的实力及杭州创新创业的良好环境,也开启了智慧城市杭港合作的新可能。

2019 年 9 月 26 日,2019 杭州云栖大会上,阿里云公布了城市大脑三年来取得的一系列进展:全球 23 个城市引入城市大脑,覆盖了交通、城管、文旅、卫健等 11 个领域,48 个场景。同时,城市大脑成为"数字经济第一城"杭州发展的关键动力。

2019 年 12 月 31 日,城市大脑更新至 3.0 版本。

三、杭州城市大脑的效果

杭州城市大脑的起源是"治堵",后来发展到"治城"。在 2018 年城市大脑 2.0 版发布会上,城市大脑起到了一定的疗效。

在城市大脑 1.0 版试点的杭州中河—上塘高架道路、莫干山路主干道,道路平均延误指数相比试点前分别下降 15.3% 和 8.5%,高架道路出行时间节省了 4.6min。

经过两年多的试点,"城市大脑"已成长为新的基础设施:截至 2018 年 9 月 19 日,它已覆盖杭州主城区、余杭区、萧山区共 420km²,相当于 65 个西湖大小,相较于一年前扩大了 28 倍。优化信号灯路口 1300 个,覆盖杭州四分之一路口,同时还接入了视频 4500 路。受益于"城市大脑",杭州交通效率不断提高。依据公开的城市季度报告,在全国最拥堵城市排行榜上,杭州从 2016 年的第 5 名下降到 2018 年第二季度的第 57 名。

除了能实时优化信号灯,杭州城市大脑还实现了主动报警、主动处置的完整闭环。借助视频分析、路口数据分析等方式,大脑可对拥堵、违章停车、事故、乱点等主动报警,现在大脑警情已占全部警情的 95% 以上。通过手持的移动终端,杭州"城市大脑"可以直接指挥杭州市 200 多名交警,如派交警机动队去现场处置交通事故等。

2018 年 9 月 19 日上午 10 时,在杭州市公安局交警支队指挥中心内可以看到,根据刚正式上线的"城市数据大脑交通 V2.0"感知和反馈的结果,当前主城区有 23.7 万辆机动车在道路上行驶,日交通量达到 118 万辆,公众交通出行人数已达 222 万人次,拥堵和延误指数分别为 2.6 和 1.54,主干道速度为 24.95km/h,快速路速度为 48.98km/h。周边高速公路速度为 80.34km/h,全市交通安全指数为 4.63。从各项交通态势指标情况来看,社区道路交通总体平稳有序,截至 2018 年 9 月 19 日,数据大脑已产生各类警情 6671 起,并且实时发布各类交通信息 42 条,同步有 234 名交警在道路上开展管理和疏导。

在 2019 年杭州城市大脑年度总结发布会上,杭州城市大脑中枢系统已更迭到 3.0 版本,如图 8-19 所示。共接入 4500 个 API(应用程序接口)和 3200 个数据指标,覆盖杭州市 49 个市级单位,15 个区、县(市)(含钱塘新区、西湖景区),13 个街道及 2 个区级部门,共计 148 个数字驾驶舱。这套系统针对城市治理、市民服务的痛点和难点,建设了 11 大系统、48 个应用场景,其中包括交通、文旅、停车、医疗、综合示范区等系统。如针对国内最突出的停车难问题,杭州已接入了 84.8 万个停车泊位实时数据,在高德、百度地图上线 497 个公共停车场的忙闲信息推送,同时,累计完成 33.5 万个停车位"先离场后付费"建设,上线以来服务 143.9 万车次。

图 8-19 2019 杭州城市大脑年度总结发布会

四、杭州城市大脑的新场景

停车"先离场后付费":只要车主在城管停车系统内将车辆、支付方式等进行绑定即可进行。目前已覆盖杭州市 26 万多个停车位,其中包括杭州大厦、西湖银泰、杭州东站等 30 多个大型停车场库车位。

看病"最多付一次":通过"城市大脑·卫健系统",患者可以在就诊结束后在院内一次性自助付费,也可以回家通过手机支付医药费。目前该系统已接入了全市 245 家公立医疗机构。

旅游"多游一小时":针对民众反映最多的堵车、排队、等候等旅游治理"痛点"问题,推出"10 秒找空房""20 秒景点入园""30 秒酒店入住"和"数字旅游专线"四大便民服务。

数字公园卡:进入公园时,凭身份证、市民卡等证件,均可刷卡入园。目前,杭州公园卡可在西湖、西溪、建德、德清的 26 个景点使用。

云栖小镇便捷泊车:在云栖小镇将车停在路边,几分钟内人们可能就会收到提示短信。短信会提示这里有违法停车拍照,赶紧驶离,同时会推荐一个附近有空余车位的停车场,人们可以点击短信链接导航直达。

"非浙A急事通":非浙A号牌小型客车驾乘人员可通过"浙里办"App、支付宝、杭州市公安局"警察叔叔"App等平台的"非浙A急事通"模块在线提出申请,杭州城市大脑交通系统将"在线审核",即时生成"电子通行凭证"。

萧山特种车辆一键护航:在救护车在不闯红灯、不影响社会车辆的前提下,能安全、快速、顺利地通过每一个路口,打通全自动绿色通道。

市医院停车指数:帮助车主判断出行方式或者尽快找到停车位,数值越低,越好找车位,周边越畅通。

余杭道路延误指数:通过"道路延误指数",所有人一方面可以了解自己所需要的当前路况,另一方面则可以通过回溯过往数据,观测到与之前相比,车是不是更好开了,路是不是更好走了。

第五节　厦门快速公交系统

当一个初到厦门的游客步出厦门火车站北出口,他的目光一定会被眼前高耸的高架道路、造型独特的高架车站和穿行于其上的铰接大巴所吸引,这一引人注目的交通系统就是著名的厦门BRT(Bus Rapid Transit)。BRT,或快速公交系统,是一种介于轨道交通与常规公交之间的新型中运量公共交通系统。这一概念诞生于20世纪70年代的巴西城市库里蒂巴,获得成功后在以拉美地区为主的全世界得到大规模推广。面对日益增长的客流压力和愈演愈烈的交通拥堵,我国部分大城市也相继引入了这一系统,而厦门市的快速公交系统是我国运营、建设、规划中的数十个BRT系统中规格最高、形式最独特的。厦门快速公交系统基本全线在专用的封闭高架道路上运营,使用轨道交通规格的专用车站和售、检票模式;2019年,厦门快速公交日均客流量已达到30万人次,甚至超过了厦门地铁。

一、厦门BRT的发展背景

快速公交系统在厦门的成功与厦门市特殊的政治经济环境有关。厦门是我国首批经济特区和15个计划单列市之一,是闽南地区的区域性中心城市和对台贸易的主要窗口,经济发展水平较高。繁荣的经济为厦门带来了较大的交通压力,但与改革开放时期设立的几个特区相同,脱胎于同安县的厦门市地域狭小,人口规模也长期无法与福州、泉州等省内传统大城市相提并论。厦门市土地面积不足1700km²,2019年常住人口仅400余万。2006年,厦门市向国务院上报了以轻轨为主的轨道交通规划,但因人口规模小、建设投资大等原因未获批准。同年,厦门市提出了"缓建轻轨,快速公交先行"的公共交通发展策略。

在快速公交的建设规划之初,日后将其改建为轻轨的需求就被纳入了考量。规划中,快速公交专用高架路沿原轻轨规划路线架设,高架路全线封闭,全程无交通信号,运营车辆不与社会车辆发生任何冲突交织。高标准行驶条件、新式专用公交车站、大容量营运车辆,这三大特点使快速公交得以实现轨道交通级的客运能力和服务水平。甚至可以说,除了同样是胶轮车辆在沥青路面上行驶,厦门 BRT 和传统地面公交已经没有多少相同之处了。图 8-20 为厦门 BRT 高架站。

图 8-20 厦门 BRT 高架站

二、厦门 BRT 的规划、建设和运营

2007 年,厦门 BRT 一期工程正式开工。一期工程原计划建设 5 条线路(1 号线、2 号线、环岛干道线、成功大道线和联络线),但其中的环岛干道线、成功大道线两条线路没有与社会车辆完全隔离的规划,后因存在安全隐患、沿线不利于站点设置等因素取消规划。2008 年 8 月,厦门 BRT 一期工程正式通车运营。一期工程开通了 32.64km 专用道和 22 个专用车站,专用高架路形成 T 字形网络,联通了厦门机场、厦门火车站等交通枢纽和第一码头、湖滨东路等主要商业区,吸引了大量客流,有效提升了沿线交通干道的通行效率。2010 年后,BRT 网络进一步延伸到厦门岛外的厦门北站和同安枢纽站,对厦门市由海岛城市向海湾城市的转型起到了积极的作用。截至 2019 年末,厦门快速公交已有 9 条运营线路,其中 7 条为严格意义上的BRT 线路。

厦门 BRT 高架路基本采用旧轻轨规划的选线,经过了多个人流聚集区,潜在客流量较大。2008 年,厦门 BRT 日均客流已达到 10 万人次以上,2009 年后进一步增加至突破 20 万人次。随着线网的扩大,厦门 BRT 的日均客流也快速上升至超过 30 万人次,峰值突破 40 万人次。传统的公交运营策略难以化解这样庞大的客流压力。为了提高运输效率,厦门公交采取了大量特殊措施:为应对早晚高峰期的集中出行需求开设了 3 条高峰线,高峰线车辆空载始发到客流密集站点开始载客,且仅停靠部分客流密集站点,能更好、更快速地服务于重点车站间客流。胶轮-路面模式车辆的一大优势是具有优秀的加减速能力,为了将这一优势运用到极致,厦门BRT 部分站点部分时段的车辆间隔被压缩到了一分钟。此外,为了配合快速公交的转运,厦门公交集团还以各枢纽站为中心开行了多条 BRT 连接线。在进出站、售检票方面,厦门 BRT 也采取了线上售票、机器安检、设置公交卡充值点等措施来提高车站的运营效率。图 8-21 为厦门 BRT 线路图(2016)。

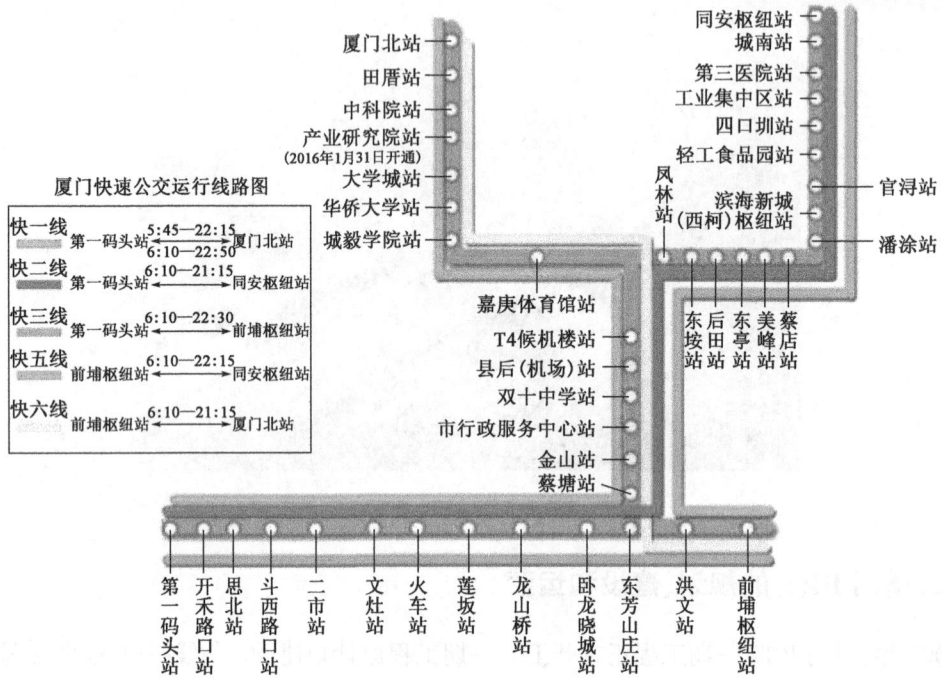

图 8-21 厦门 BRT 线路图(2016)(张平原制图)

2012 年,厦门市的城市轨道交通规划获得国务院批准,厦门地铁于 2013 年正式开工建设。真正的大运量交通即将投运,对 BRT 的改造计划因而被取消。2017 年,与 BRT 高架路几乎平行的厦门地铁 1 号线投入运营。由于较好的线路位置已经被 BRT 占据,厦门地铁的客流量长期低于 BRT,BRT 仍需承担公共交通主干的任务。2019 年 12 月,厦门地铁 2 号线投入运营,厦门地铁形成十字形网络。地铁 2 号线通车后仅一个月,厦门地铁的日均客流量就增长至超过 50 万人次。随着厦门地铁线网的成型和厦门城市中心向岛外的转移,BRT 的客运主力线路地位将交接给大运量、高速度的城市轨道交通。今后,厦门 BRT 将和地铁共同承载厦门岛内的主要客流,并在岛外为轨道交通网络起到分流、加密作用。

三、厦门 BRT 的工程特色

(一)专用道路

全封闭式快速公交专用高架道路是厦门 BRT 的最大特色,是保证其高效率、高运力的关键。厦门 BRT 高架路全线采用二车道快速公交专用道设计标准,设计速度 60km/h。高架路主要位于厦门岛内,且行经多处闹市区和居民区,在城市景观和噪声控制方面都需要采取较高的标准。与常见的 5~6m 城市高架路不同,厦门 BRT 高架路在厦禾路等繁华路段采用了 9m 的设计高度。在这一高度下,快速公交车站的进出站需求、人行天桥的通行需求和自然通风需求都能得到较好的满足,公交车辆的噪声污染和桥面对城市景观的破坏也能得到相当程度的减小。此外,高架桥的护栏和桥柱上普遍种植了攀缘植物,对高架路的景观效果起到了一定改善作用。

(二)专用车站

厦门 BRT 高架段的车站普遍采用了站-桥合建体系,将重量较小的钢箱梁结构站厅同时固定在高架桥的墩柱和向道路两侧伸出的人行天桥墩柱上。这一设计改善了桥墩的受力状况,也减轻了粗大桥墩对景观的影响,使车站更加轻盈、通透,其结构简图如图 8-22 所示。

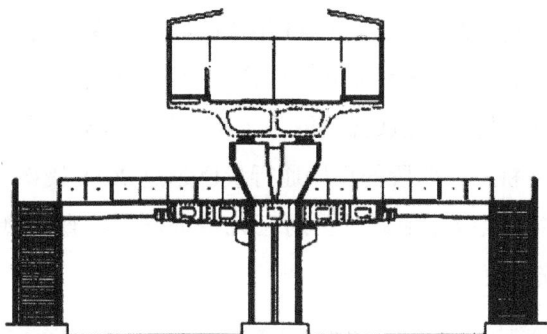

图 8-22 厦门 BRT 高架站结构简图

在运营方面,BRT 高架段车站采用了常用于轨道交通的运营模式,一层进出站、售检票,二层乘降车,并使用代币车票和自动闸机检票,不同线路共线部分同台换乘,车站的服务能力和乘客体验可以达到甚至超过轻轨水平。此外,第一码头、前埔枢纽等与地面公交换乘的枢纽车站还采取了分层换乘,BRT 站台在车站顶层,地面层可以搭乘地面公交,地下则设置公共停车场,私家车-BRT、公交车-BRT 的换乘都较为方便、快捷,如图 8-23 所示。2018 年以来,厦门 BRT 的闸机普遍接受了改造,已经可以兼容交通运输部主导推广的"交通联合"制式公交卡,外地游客搭乘厦门 BRT 也更加便捷。

图 8-23 第一码头枢纽站示意图

第六节　北京三元桥改造工程

一、三元桥改造工程的背景

三元立交桥位于北京市朝阳区,是三环快速路与101国道、首都机场高速公路的交汇桥,是我国最早的城市立交桥之一。三元桥建成于1984年,主体为三环路上跨京密路的双向六车道公路桥梁。1984年,我国第一条高速公路才刚刚开工,三元桥沟通的东环路和京密路还都只是一般市政道路,三元桥为快速化改造所做的预留并不多,如图8-24所示。随着北京市的经济发展和城市扩张,三环路沿线已经从1980年代的城市边缘变成了今天的城市中心。作为机场高速公路的主要出入口、首都东北方向的门户,三元桥承担的车流快速增长。21世纪初,为了增加主桥的通行能力,北京市路政部门取消了桥上的非机动车道,将机动车道拓宽为双向十车道。到2015年,三元桥三环路段的日均通行量已超过20万辆次,20世纪80年代建设的桥梁早已不堪重负。2014年,北京路政部门对三元桥进行了检查,发现桥面板和主梁都有严重损坏,桥体已经无法安全使用。

图8-24　开通之初的三元桥

二、三元桥改造工程的施工方法

对三元桥的改造势在必行,但以传统施工方法进行重建需要封闭三元桥路段长达数周乃至数月,其间的交通需求不可能由周边道路满足。为了缩短封路施工时间,工程人员选择了一种当时国内仅有过一次实验性尝试的新式施工方法。

北京市昌平区城区西侧的西关环岛桥建设于1998年,是京藏高速公路路段。2011年,昌平西关桥梁被发现存在病害,需要进行换梁。为了减少对环岛交通的影响,这一工程中率先采用了国际领先的SPMT(Self-Propelled Modular Transport)工法。21世纪以来,全球在第二次世界大战后建设的大量桥梁基础设施接近使用年限,如何对桥梁进行维修、加固、置换、改造并尽可能减小对过境交通的影响成为世界各国工程技术人员努力解决的一大工程难题。为了实现快速的桥梁改造,欧洲的大型机械制造商创造性地提出了 SPMT 工法,或称桥梁整体置换工法。该工法利用 SPMT 设备,即大型平板运输车整体拆解、移除旧桥面,并整体移动安装预制好的新桥面。2007 年以来,美国桥梁界已采用该工法完成了上百座桥梁的改造,该施工方法的可靠性和可操作性都已经得到了充分的检验。

桥梁整体置换工法对桥梁制造技术有较高的要求。待安装的新桥梁需要被整体移动到预定位置,这对梁体的结构强度和稳定性都有很高的要求,也很大程度上限制了桥梁的重量。在此基础上,新梁体还要有足够的承载能力以满足运营阶段的荷载。这些都对桥梁的材料和受力结构提出了很高要求。

大型工程机械的生产制造能力对该工法的应用也至关重要。桥梁整体置换工法的关键就在于 SPMT 车辆。施工过程中,需要对桥梁进行整体举升和下降并保证梁体呈一个平面,换梁前后则需要将新旧梁体整体运输至施工位置,这些工作都需要通过自带动力、大承载力、有原地转向功能的 SPMT 车辆来完成。

此外,梁体与桥梁基座或墩柱接合时,施工人员需要将长宽各数十米、重量达上百吨的梁体的位置误差控制在毫米级别,这对精细控制、监控测量和施工管理等多方面都有较高的要求。

三、三元桥改造工程的施工过程

2014 年 10 月,北京路政部门对三元桥的主体进行了应急性的支护措施,以保证旧桥梁在换梁前的正常通行功能,新梁也同期开始建造。新梁由 9 组轻便坚固的钢制箱梁拼接而成,由于改造工程不涉及三元桥主桥以外的基座等结构,新梁的尺寸需要与被拆下的旧梁一致,精确性至关重要。因此,箱梁钢材采用了数控切割和机器人焊接以提高制作质量和尺寸精度。此外,为了压缩施工时间,新梁的桥面上刷了一层黏性特殊涂料以增强桥面架设完毕后与新铺设的沥青路面的黏合度;新梁的桥栏杆也是预先安装好的。诸多此类细节体现了设计人员对施工细节的良好把握和生产人员之间的密切协作。

2015 年 11 月 13 日 23 时起,三元桥换梁工程正式进入现场施工阶段,如图 8-25 ~ 图 8-27 所示。为了最大限度地减少施工对周边交通的影响,施工时间最初被预定为 24h,其中原计划用 7h 完成旧桥梁体的拆除。30 年前建成的三元桥旧桥面为混凝土材质,重达 2900 余 t,难以一次性整体移走。为此,施工人员需要将旧桥切割成三块,再分别拆除,用两台千吨级 SPMT 车辆驮出。近年来,我国已经有了大型平板运输车辆的制造和应用经验,郑州、武汉、上海等多地多家的特种设备生产厂家都有制造这类设备的能力,京广高铁、京沪高铁等铁路工程中也对大型平板运输车有大量运用。三元桥换梁工程中使用的两台驮梁车就是由北京路桥养护集团主导,我国自行研制、生产的国产"神驼"。

图 8-25　切割旧梁

图 8-26　施工人员指挥 SPMT 车辆移动梁体

图 8-27　架设完毕的三元桥新梁

14 日凌晨 2 时,施工人员在切割过程中发现旧梁的损坏情况比估计的更加严重,即使是切割分解后的梁体也无法在整体驮出的过程中保持稳定。为了保证安全,施工人员采取了就地拆解主梁的备用方案。因此,主梁的拆除花费了一天以上的时间。15 日凌晨,旧梁拆解完成,6 时 50 分,旧梁清理完毕,新梁开始移入预定位置。

新梁体的整体挪移过程对精确测控的要求更高。新梁体长 54.9m、宽 44.8m,尽管采用了轻质的预制箱梁,总重量仍有 1300 余 t。梁体落在原桥墩台上时,瞬间误差控制需在 20mm 之内。为了保证工程所需精度,新梁挪移的过程中使用了 3 种测控方法:利用 GPS 和北斗卫星定位系统进行纵向控制,用激光循迹进行横向控制,再结合传统方式实现精确定位。在工程指挥部的墙壁上,一张时间与工程进度匹配的指示图精确到每个单元 10min,桥梁置换过程的细节都在图上标出,以确保施工的安全和精准。

15 日上午 9 时 10 分,两台 SPMT 车辆开始新梁挪移作业。11 时 30 分左右,新梁进入指定位置,与预定位置仅偏差 1mm。当天下午,沥青路面铺设完毕,路面标线布设完毕,三元桥于 15 日 18 时恢复正常通行。图 8-28 为换梁改造后的三元桥。三元桥换梁工程共持续了43h,相较之下,2011 年进行的昌平西关桥梁换梁工程持续了 112h。这 43 个小时向世人展示了我国世界领先的桥梁施工技术和北京市强大的多部门组织配合能力,也为我国其他城市处理此类问题提供了新方法。

图 8-28 换梁改造后的三元桥

第七节 上海滨江绿道

一、上海滨江绿道的建设背景

黄浦江是上海市的最大河流。1843 年后,上海开埠通商,黄浦江凭借其优越的水文条件成为上海的主要航道,上海县城小东门外的十六铺地区成为沿海航运的枢纽。随着上海城市规模的扩大,黄浦江沿岸的码头区也不断延长。到辛亥革命时,黄浦江西岸的码头区从南浦到吴淞口连绵不断,上海已经发展成了我国乃至东亚最大的港口。民国时期,上海经历了快速的工业化,黄浦江下游的杨树浦地区由于便利的交通条件成为上海市的主要工业区。抗日战争爆发前,这一区域已经有了纺织、造纸、造船、发电等多个行业的数十家工业企业,黄浦江沿岸在改革开放前长期保持着我国最大轻工业基地的经济地位。

二、上海滨江绿道的建设历程

近年来,随着上海由传统工业中心转型为以服务业为主的国际化大城市,上海市区的航运需求逐渐减少,货运码头和工厂都逐渐迁离黄浦江沿岸。很长一段时间,除外滩和陆家嘴外的黄浦江沿岸成为无人踏足的"铁锈带"。2002年,上海市启动了对黄浦江两岸旧工业地带的改造。2008年前,开发主要集中于大型基础设施的建设和对外滩的整治。这一阶段的主要建设成果包括北外滩的国际邮轮中心和外滩隧道。完善的基础设施改善了黄浦江沿岸的交通状况,对市容市貌起到了较大的提升作用。2008—2010年,借世博会筹办之机,上海市对世博园区的工业遗迹和滨水地带进行了改建,由旧南市发电厂的厂房、烟囱改建而成的上海当代艺术博物馆和气象景观塔是这一阶段改造的标志性建筑,如图8-29所示。由此,黄浦江沿岸的再开发拉开了帷幕。

图8-29 改造前的南市发电厂和改造后的上海当代艺术博物馆

上海市"十二五"规划中,从闵浦二桥到吴淞口,长约61 km,岸上纵深500 m的黄浦江两岸地区的综合开发被列为重要项目。2011—2015年的5年间,浦钢集团、龙华机场、上海水泥厂等最后一批大型工业、物流企业搬离黄浦江沿岸,沿江地带的文化景观设施和公共绿地全面开始建设。2016年,"十二五"规划完成时,黄浦江两岸已经建成的约26 km的连续滨江绿带,陆家嘴滨江、徐汇滨江北段、北外滩绿地等重大公共空间基本建成、开放,黄浦江两岸地区向高品质公共活动空间转换,如图8-30所示。

"十三五"规划期间,黄浦江沿岸地区的开发进入了一个井喷阶段。2016年以来,上海市每年新开通绿道200km,其中包括了于"十二五"规划期间开工的杨浦滨江、徐汇滨江南段和浦东新区徐浦大桥、杨浦大桥之间的滨江绿道。2017 年 12 月 31 日,黄浦江上海市区段岸线绿道全线贯通。三条道路称作"滨江三道",如图 8-31 所示。

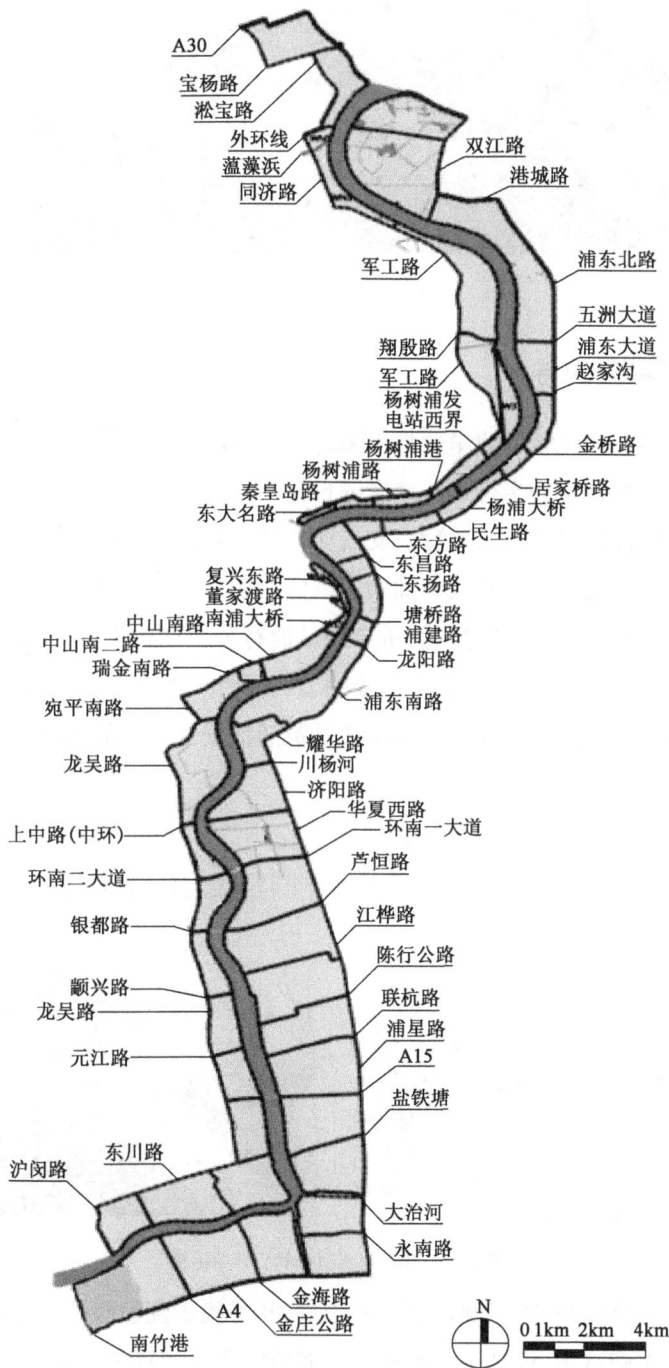

图 8-30 "十二五"黄浦江综合开发规划区域

图 8-31　浦东"滨江三道"

三、上海滨江绿道的特色

　　全面建成的黄浦江滨江绿道两岸全长 45km，已经可以与纽约曼哈顿环岛绿道比肩。滨江绿道系统的核心是快慢分离的步行道和独立的自行车道，又被称为"三道计划"。滨江绿道基本实现了全线连贯的慢行交通，在轮渡站、支流河口等障碍区，步道和自行车道都通过新建的天桥实现了连贯。连贯的交通线极大地加大了滨江绿道作为公共空间的开放性，增强了对市民和游客的吸引力。此外，造型各异的天桥在满足通行需求的同时还尽可能地为游人提供了更好的观景角度，桥梁本身也成为绿道上重要的公共平台。据统计，黄浦江滨江绿道贯通后一年，到访的游客数量同比增长近 50%。图 8-32 是黄浦江滨江绿道的杨泾港步行桥和三林塘港桥。

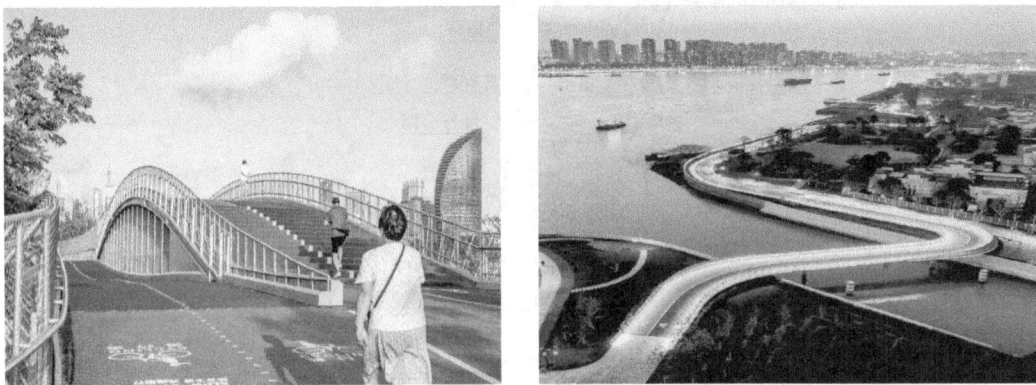

图 8-32　杨泾港步行桥和三林塘港桥

　　漫步滨江的人们会发现，除了绿地、广场、步道，几乎找不到显眼的标志性建筑。在黄浦江两岸滨水空间的生态塑造中，设计施工人员尽可能地将人工对环境的干预降到了最低，不大拆大建、刻意雕琢，尽可能对自然的景观、植被进行修复和保护。黄浦滨江在开发过程中保留下了几棵树龄较高的香樟;浦东滨江保留了 $4hm^2$ 江滩湿地,并对沿江的水泥护岸和码头同时进行生态化改造,恢复了自然植被;杨浦滨江设置了雨水花园,雨水经渗透、储蓄,可以实现净化和再利用,对"海绵城市"理论进行了实践。图 8-33 为浦东后滩花园。

图 8-33 浦东后滩公园

滨江地区原有的工业遗迹在开发的过程中同样得到了保护。除了被改建为上海当代艺术博物馆的南市发电厂外,浦东的祥生造船厂旧址改造成了 1862 文化中心,杨浦滨江的船锚、缆柱、起重机,徐汇滨江的煤漏斗都粉刷一新,成为独特的标志性构造物。图 8-34 为杨浦滨江旧起重机。这些早已失去原有功能的工业遗迹不仅被保留,还实现了和现代功能的结合。

图 8-34 杨浦滨江旧起重机

在景观全面提升、交通全面慢行化的同时,黄浦江并没有对客运完全封闭。在 21 世纪前十年的综合整治中,原由外滩始发的黄浦江观光船被移到了南侧的十六铺观光码头,在提升外滩面貌、减少外滩交通客流压力的同时也为相对欠发达的十六铺、老码头带来了发展机遇。上海市民日常出行搭乘的公交轮渡仍在东昌路渡口、泰东路轮渡站等原有客运码头,海外邮轮和往返于上海和日本神户之间的远洋客轮停靠北外滩的国际客运中心,同样位于北外滩的提篮桥、下海庙地区还为私人游艇开辟了停泊区。为了避免航运站阻断步行、骑行路线,各处渡口

分别设置了高架步道,十六铺观光码头则藏身于高架地面以下,与绿道融为一体,如图 8-35
所示。

图 8-35　十六铺观光码头

参 考 文 献

[1] 毕艳红,王战权.综合交通运输概论[M].北京:人民交通出版社股份有限公司,2017.

[2] 邵春福.城市交通概论[M].北京:北京交通大学出版社,2016.

[3] 杨兆升,于德新.智能运输系统概论[M].3版.北京:人民交通出版社股份有限公司,2015.

[4] 张少华.公路桥梁工程项目管理[M].北京:北京理工大学出版社,2019.

[5] 中华人民共和国交通运输部.中国高速公路发展全舆图[M].北京:人民交通出版社股份有限公司,2018.

[6] 林鸣.港珠澳大桥岛隧工程工厂法沉管预制[M].北京:科学出版社,2019.

[7] 张新天,吴金荣,王毅娟.道路与桥梁工程概论[M].北京:人民交通出版社股份有限公司,2016.

[8] 彭立敏,施成华.隧道工程[M].长沙:中南大学出版社,2017.

[9] 赵国刚,袁春花.隧道施工技术[M].上海:上海交通大学出版社,2015.

[10] 薛锋,罗建.城市轨道交通基础设施与设备[M].成都:西南交通大学出版社,2018.

[11] 罗钦.城市轨道交通概论[M].成都:西南交通大学出版社,2017.

[12] 孙家驷.道路立体交叉规划与设计[M].北京:人民交通出版社股份有限公司,2016.

[13] 过秀成.城市交通规划[M].南京:东南大学出版社,2017.

[14] 王晓宁,王健,王乐,等.城市道路交通拥堵治理实践与新技术[M].北京:人民交通出版社股份有限公司,2018.

[15] 刘占山,张哲辉,杜丽楠.改革开放以来交通运输发展战略回顾[J].综合运输,2017,39(8):1-6.

[16] 赵芳敏,林伟,韩冰.国家战略视角下交通运输行业低碳发展探讨[J].综合运输,2015,37(12):4-6.

[17] 邵春福.我国城市交通发展中的关键问题及对策建议[J].北京交通大学学报,2016,40(4):32-36.

[18] 雷方舒,温慧敏,齐智,等.城市交通大脑的内涵与顶层设计[J].交通工程,2019,19(6):47-52.

[19] 徐志刚,李金龙,赵祥模,等.智能公路发展现状与关键技术[J].中国公路学报,2019,32(8):1-24.

[20] 李扬威,焦朋朋,杜林.城市智能停车管理系统研究[J].交通信息与安全,2014,32(4):

160-164.

[21] 黄合来,许鹏鹏,马明,等.道路交通安全规划理论研究前沿[J].中国公路学报,2014,27
(9):90-97,118.

[22] 潘海啸.基于绿色环保理念下的上海城市交通治理[J].上海城市管理,2018,27(2):
66-70.

[23] 黄婧,郭新彪.交通相关空气污染的健康影响研究进展[J].中国环境科学,2014,34(6):
1592-1598.

[24] 王雷,李铁柱.城市公交尾气排放空间自相关分析[J].交通运输工程与信息学报,2016,
14(1):95-100.

[25] 苏权科,谢红兵.港珠澳大桥钢结构桥梁建设综述[J].中国公路学报,2016,29(12):
1-9.

[26]《中国公路学报》编辑部.中国交通工程学术研究综述(2016)[J].中国公路学报,2016,
29(6):1-161.

[27] 赵娜,袁家斌,徐晗.智能交通系统综述[J].计算机科学,2014,41(11):7-11,45.

[28] 裴建中.道路工程学科前沿进展与道路交通系统的代际转换[J].中国公路学报,2018,
31(11):1-10.

[29] 陆化普,孙智源,屈闻聪.大数据及其在城市智能交通系统中的应用综述[J].交通运输
系统工程与信息,2015,15(5):45-52.

[30] 漆凯,张星臣.我国综合客运枢纽等级分级方法的研究[J].交通运输系统工程与信息,
2011,11(5).

[31] 王先进,李彦林,安然,等.改革开放40年我国道路运输科技创新发展回顾与趋势研判
[J].交通运输研究,2019,5(1):4-10.

[32] 王明文.我国多式联运标准化现状及发展对策研究[J].综合运输,2017(6):23-27.

[33] 边策.中国高速公路与美国高速公路发展比较研究[D].北京:北京交通大学,2012.

[34] 王莹莹.城市绿色交通发展对策研究[D].西安:长安大学,2015.

[35] 郑竞恒.基于停车共享的城市中心居住区停车行为特性及泊位调控优化方法[D].南京:
东南大学,2017.

[36] 祝春梅.城市道路交通安全影响因素综合分析研究[D].广州:华南理工大学,2015.

[37] 杨哲.面向车联网的安全机制与关键技术研究[D].北京:北京邮电大学,2019.

[38] 许文娟.城市公共交通与城市发展的适应性评价研究[D].北京:北京交通大学,2014.

[39] 段俊虎.南京市公共交通优先发展对策研究[D].南京:南京理工大学,2017.

[40] 黄艳国.城市道路交通拥堵机理及控制方法研究[D].广州:华南理工大学,2015.